AF277287

Todos los libros de Linkgua Ediciones cuentan con modelos de Inteligencia Artificial entrenados por hispanistas. Pregúntale al chat de tu libro lo que desees acerca de la obra o su autor/a.

Para ebooks: Accede a nuestro modelo de IA a través de un enlace.

Para libros impresos: Escanea el código QR de la portada con tu dispositivo móvil.

Obtén análisis detallados de nuestros libros, resúmenes, respuestas a tus preguntas y accede a nuestras ediciones críticas generativas para una experiencia de lectura más enriquecedora.
La transparencia y el respeto hacia la autoría de las fuentes utilizadas son distintivos básicos de nuestro proyecto. Por ello, las respuestas ofrecen, mediante un sistema de citas, las fuentes con las que han sido elaboradas.

José Manuel Valdéz y Palacio

Viaje del Cuzco a Belén en el Gran Pará

Barcelona 2025
Linkgua-ediciones.com

Créditos

Título original: Viaje del Cuzco a Belén en el Gran Pará.

© 2025, Red ediciones S.L.

e-mail: info@linkgua.com

Diseño de cubierta: Michel Mallard.

ISBN rústica ilustrada: 978-84-9897-361-7.
ISBN tapa dura: 978-84-1126-039-8.
ISBN ebook: 978-84-9897-090-6.

Sumario

Brevísima presentación

La vida
José Manuel Valdez y Palacios (1812-1854) (Cuzco...)
Valdez y Palacios huyó del Cuzco en 1843 tras unos disturbios. Su casa fue asaltada y saqueada y sus bienes confiscados durante una revuelta, por lo que tuvo que escapar hacia la frontera de Brasil. Atravesó las estribaciones de los Andes orientales y se internó en la jungla amazónica navegando en balsa. El viaje fue una evocación de sus lecturas de Chateaubriand y Rousseau:

No sé si haya en el mundo una visión tan grandiosa, tan sublime y tan variada como la que presenta la Cordillera de los Andes. Las montañas que la forman se alzan a una elevación tan grande y están agrupadas unas sobre otras de manera tal que cuando el viajero, cansado después de una larga jornada cree haber llegado a la cumbre del último pico, se halla de repente en las faldas de otro, que aparece como por encanto elevándose con la misma majestad que los anteriores y ocultando sus picachos entre nubes. Las diferentes cadenas y ramificaciones, formadas por estas montañas se extienden en todas direcciones con infinitas formas y aspectos. En lo referente a las cadenas menos elevadas, éstas forman una cordillera apretada, ondeante y flexible, con anillos sombríos que parecen de vez en cuando estar prontos a separarse y que en verdad se separan algunas veces aquí y allá, para dejar pasar un trecho de cielo, hallándose las partes más elevadas rematadas en sus cimas por puntas piramidales y dientes agudos, por roquedales aguzados por las tempestades, que presentan al rayo y a los vientos sus puntas gastadas con un aspecto que tiene algo de decrépito, de ruinoso y de terrible, que entristece el corazón y eleva el alma.

Dedicatoria del Autor:

AL INSTITUTO HISTÓRICO Y GEOGRÁFICO BRASILEÑO

Habiendo emigrado del Perú como consecuencia de la más atroz persecución que me hizo una de las facciones que han dilacerado ese país, caminando por entre florestas y desiertos, por entre fieras y salvajes, pude al fin, después de trece meses de prolongada agonía, llegar al territorio de este vasto y opulento imperio, que veo con placer marchar a la gloria por la sombra de la paz, y donde recibí aquella acogida noble y generosa que era de esperar de un pueblo tan culto, tan ilustrado y tan eminentemente hospitalario.

Mis ardientes deseos por el bien de mi patria, la consagración de las horas de mi vida para su progreso, atrajeron sobre mí y sobre mis inocentes hijos el infortunio. Y en este país, donde soy extranjero, he encontrado benevolencia, simpatías, amistades; he hallado consuelo que endulzara la amarga copa de ajenjo que me brindaron la fortuna y la injusticia. Son infinitos, señores, los beneficios que he recibido del pueblo brasileño; al contemplarlos, se me ahoga el corazón con un inmenso peso de gratitud.

Esta pequeña obra, fruto estéril de tan crueles padecimientos, me atrevo a dedicarla a esta augusta corporación de hombres sabios e ilustres, con la confianza de que será ésta mi humilde dedicatoria acogida con indulgencia, no por el merecimiento literario de la obra, que no existe, y si por los hechos históricos y geográficos que ella encierra.

Introducción

Por lo que hemos insinuado en el prefacio que antecede al primer folleto de nuestro bosquejo sobre el estado político, moral y literario del Perú en sus tres grandes épocas, estarán ya prevenidos nuestros ilustrados lectores para no encontrar en la narración siguiente de nuestro viaje del Cuzco al Gran Pará por los ríos Vilcamayo, Ucayali y Amazonas, datos y observaciones científicas ni las descripciones brillantes que sorprenden y cultivan la atención y que solo pueden ser efecto de una imaginación fecunda y de un talento superior.

Relatamos únicamente lo que hemos visto, sin pretensión ni vanidad u orgullo, esperando, con todo, que nuestra relación arrojará alguna luz sobre los países desconocidos hasta ahora. Estas descripciones simples acostumbraban a veces presentar detalles nuevos e importantes, como las canciones populares que brillan por los rasgos insólitos de una poesía sencilla. Tiene también el mérito de conservar la fisonomía original de una naturaleza inexplorada y del hombre primitivo, cuyas costumbres en vano se esforzaron en indagar los filósofos en el silencio de sus gabinetes.

A pesar de los grandes progresos que se han hecho en geografía, ¿cuál es el hombre versado en estos estudios que deje de investigar las relaciones de los viajeros para comparar y rectificar las de los que marcharán después sobre sus pasos con más instrucción y auxilios? ¡Cuánta luz arroja aún sobre Asia su primer historiador Herodoto y su más antiguo viajero Marco Polo! Y, ¿qué otra cosa son los «geógrafos menores» que recogió e ilustró Hudson, sino nuestros Cardiet, Hernández, Pavón y Amigorena?

Si hay una ciencia que procede lenta y paulatinamente es, sin duda, la geografía. Así se perfeccionan los conocimientos, pues de otro modo habría sido imposible llegar al grado en que se encuentra. Y cuando los obstáculos que acostumbran retardar estos adelantos aumentan otros que los detienen, se percibe, entonces, la utilidad de estos ensayos, como el presente, que son como los cimientos que se dejan en los edificios, para que continúen después hábiles arquitectos.

Hace mucho tiempo que el Ucayali es objeto de indagaciones de geógrafos, y que las hermosas regiones bañadas por este caudaloso río tienen en suspenso a la curiosidad Europea y Americana. El Perú, país romancesco por sus antigüedades, interesante por sus riquezas, y hoy digno de lástima por sus calamidades políticas, poseía en el interior de dos de sus departamentos más considerables, un territorio inmenso, del que apenas se tenía noticias, y de cuyas producciones se presentaban muestras en la ciudad del Cuzco. El Ucayali, que bajando de las cumbres de los Andes con el nombre de Vilcamayo, y engrosándose con la confluencia del Apurímac y sus demás tributarios, forma el brazo mayor del soberano de los ríos, el gran Amazonas, no fue navegado hasta ahora por ninguna persona, en la parte que riega desde la boca del Pachitea hasta la misión de Cocabambilla Muchos viajantes europeos quisieron antes intentar este mismo viaje, pero un conjunto de circunstancias hizo que se realizase por nosotros lo que ciertamente puede considerarse como uno de los mayores resultados de las revoluciones peruanas. Algunos de los que fueron a visitar a los antiguos monumentos de los Incas. Llegaron a la mencionada misión, y allí retrocedieron ante las innumerables dificultades que oponían la naturaleza y el hombre. Las estupendas cataratas del Vilcamayo, las sierras de sus riberas, sin la más mínima senda, ni posibilidad de abrirse, la existencia de fieras y animales venenosos, y sobre todo las muchas tribus de salvajes que habitan las márgenes del río, eran otros tantos motivos para la renuncia de una empresa tan útil como grandiosa. La Providencia venció estos obstáculos, dándome un ángel por compañero, y una resistencia infatigable para los trabajos: y ya que tuve la suerte de ser el primero en realizar este viaje, creo que es mi deber no dejar pasar ninguna noticia que pueda redundar en algún bien.

Pero ¿qué provecho, me dirán, resultará de un viaje no científico, tan solo producto de la casualidad? Respondo que en casi todas las cosas humanas la casualidad casi siempre da el primer paso, y sobre este paso van los otros que conducen a la perfección.

Trazado el recorrido del Cuzco a Pará, determinados los lugares y las distancias aproximadas, indicadas las producciones posibles de convertir en artículos de comercio, nacidas con tanta abundancia en aquellos climas deliciosos, designada la manera de emplear los propios salvajes, llevándolos a contribuir en todo lo posible, anotadas por último las precauciones y lo necesario para hacer la navegación del Ucayali, y Vilcamayo sin mayor incomodidad ni riesgo de vida; habrá otros más felices que la emprendan, obteniendo como fruto de sus tareas, resultados positivos y de alguna utilidad inmediata. Entonces el deseo de ver, unido al deseo de adquirir, pasión dominante del hombre social, abrirá caminos por entre aquellos montes, donde ahora tan solo se encuentran algunas huellas de salvajes dedicados a la caza; entonces las aguas del Ucayali, que hoy corren silenciosas en medio de un paraíso desierto, se verán surcadas por embarcaciones llenas de vida y actividad; entonces las ricas producciones de estos países, aumentadas y mejoradas por la mano de la industria, multiplicarán también los goces de la existencia.

Por otra parte, la descripción de lugares antes desconocidos en la geografía, la enumeración minuciosa y evocativa de singulares costumbres muy poco semejantes a las de otras naciones selváticas esparcidas por la superficie del globo, la narración finalmente de casos y aventuras extraordinarias sucedidas durante una jornada de mil y tantas leguas, concluidas por tres individuos entre los cuales hay un chiquillo de siete años; difícilmente dejará de conmover el corazón, sin necesitar de las galas literarias con que suelen adornarse las obras destinadas a la luz pública.

En una época en que el ensañamiento de las pasiones presenta mayor número de desgraciados, y en un país donde las víctimas de las revoluciones y de la tiranía se están reuniendo en diferentes partes para salvar su porvenir, tal vez sirva para dar algunos momentos de desahogo, la historia de los padecimientos de un hombre que sufre por iguales causas.

Con relación al viaje, debo advertir que los oficiales de la Marina Inglesa Maw y Smith realizaron también uno desde el Perú hasta el Brasil por el río Amazonas, habiendo ambos publicado sus trabajos; sin embargo, existen grandes diferencias entre el viaje por ellos cumplido y el mío ya que 1.º) Maw y Smith partieron de Lima, y bajando la montaña de Guanoco entraron al Ucayali bastante más lejos de la desembocadura del Pachitea; y yo salí del Cuzco, y recorriendo los valles de Santa Ana, entré al Vilcamayo, primero de los ríos que forman el Ucayali; 2.º) que ellos transitaron por lugares poblados en su mayor parte por gente civilizada y los que no lo eran hacía ya mucho tiempo que estaban explorados y atravesados por misioneros, así como por comerciantes peruanos y agentes subalternos del gobierno; y yo viajé por toda la región de las diferentes tribus de salvajes que habitan a lo largo del Vilcamayo y Ucayali, siendo el primero en visitarlos.

En la parte de la jornada que fue descrita por estos viajantes, es mucho menos extensa esta obra, como naturalmente debía serlo: solo se refiere a aquellos que no pudieron ver ni observar, por el poco tiempo que se detenían en cada lugar, o a lo que no quisieron decir por motivos particulares que supongo tendrían. Se rectifican también algunos errores en que incurrieron por no entender el idioma en algunos puntos en que de éste es esencial.

Mi relación está escrita con un profundo respeto a la verdad y a la opinión. Sí, a falta de merecimiento literario, merece este escrito un mirar indulgente de mis lectores, y de ahí resultara algún bien a la humanidad, eso es todo lo que puedo aspirar.

Capítulo I. La cordillera de los Andes

No sé si haya en el mundo una visión tan grandiosa, tan sublime y tan variada como la que presenta la Cordillera de los Andes. Las montañas que la forman se alzan a una elevación tan grande y están agrupadas unas sobre otras de manera tal que cuando el viajero, cansado después de una larga jornada cree haber llegado a la cumbre del último pico, se halla de repente en las faldas de otro, que aparece como por encanto elevándose con la misma majestad que los anteriores y ocultando sus picachos entre nubes. Las diferentes cadenas y ramificaciones, formadas por estas montañas se extienden en todas direcciones con infinitas formas y aspectos. En lo referente a las cadenas menos elevadas, éstas forman una cordillera apretada, ondeante y flexible, con anillos sombríos que parecen de vez en cuando estar prontos a separarse y que en verdad se separan algunas veces aquí y allá, para dejar pasar un trecho de cielo, hallándose las partes más elevadas rematadas en sus cimas por puntas piramidales y dientes agudos, por roquedales aguzados por las tempestades, que presentan al rayo y a los vientos sus puntas gastadas con un aspecto que tiene algo de decrépito, de ruinoso y de terrible, que entristece el corazón y eleva el alma. Al pisar las cimas deprimidas y planas el viajero siente que la tierra se mueve debajo de sus plantas y esto, que es como un temor prolongado por la montaña, le hace concebir que el globo terrestre está bajo la poderosa influencia de algún planeta mayor que lo mueve. En estas regiones de desolación no se ve ni un rayo de Sol, ni un pedazo de cielo, ni un trecho de paisaje que rodee sus bases. El viajero camina envuelto en sombras, sin divisar más allá de la confusa silueta de su guía (vaqueano) y sin escuchar otra cosa que el susurro de la lluvia que no cesa ni un instante en esas terribles y solitarias regiones. Al intenso frío y al viento sucede muchas veces la nieve que cubre en un instante toda la montaña y borra la ligera senda trazada por los pasos del indio y de la llama, únicos transeúntes por esas alturas, si no es que un ser desgraciado y perseguido por sus semejantes se ve obligado a recorrerlas. Al mismo tiempo, el aire se halla tan enrarecido que en algunos momentos falta la respiración y el hombre queda sin movimiento y como muerto. Es preciso tener un corazón de fuego y un alma de hierro o ser presa de una gran excitación o sobrevenir un gran acontecimiento para pasar las cimas de los Andes.

Partida del Cuzco a la Misión de Cocabambilla

Tales fueron los lugares por los que transité durante siete días consecutivos, después de haber dejado la ciudad del Cuzco huyendo de la más cruel e inexorable persecución. Acosado por todas partes por una soldadesca desenfrenada y ávida de sangre como el cuervo de aquellas soledades, me fue necesario remontarme a aquellas regiones para llegar a la Misión de Cocabambilla sin tocar en los lugares poblados donde podía ser visto.

Al octavo día de mi partida estaba a tres días de jornada de la Misión. Sin embargo, ya nos hallábamos tan rendidos por la fatiga de jornadas anteriores, que parecíamos clavados sobre los caballos, como artefactos de una sola pieza, sin movimiento ni flexibilidad; nos dejamos caer sobre una planicie de tierra rojiza, encubierta por enormes rocas ennegrecidas por los siglos, que parecían los centinelas de la muerte vestidos con sus negros mantos. Extendido en ese lugar, del que nunca soñé que pudiese haber existido en la Naturaleza, me parecía sentir algo de eternidad; oteaba por todas partes, con un mirar vago y de todas partes volvía mis ojos hacia mi hijo que también estaba echado sobre el cieno con la cabeza apoyada en mi pecho. Y aún así, no me hallaba en el punto más elevado a donde el destino había decretado que yo saliese. Al disponernos a continuar nuestra marcha, mi guía me dijo que al terminar la falda donde nos encontrábamos y a una milla y media de distancia, se elevaba todavía el monte Carasuina, cuya vista nos ocultaban los grupos de roquedales que nos cercaban y por cuya falda debíamos pasar para descender a la Misión. Es este el monte más elevado de la cordillera que domina los valles de Santa Ana en el remate del tramo meridional de los Andes que se extiende a lo largo de aquellos valles.

En los casos extremos la resignación es necesaria y en los peligros inminentes parece que se despiertan vivamente en el corazón del hombre el valor y la fortaleza, que en las circunstancias comunes están como adormecidos. Después de escalar casi perpendicularmente todo el día, llegamos sin aliento, a la puesta del Sol, a una caverna para pasar la noche. Tal vez fuimos los primeros huéspedes de esa gruta, desde que fue formada por los torrentes de lava en siglos remotos. Pasamos la noche casi sin dormir por un horroroso frío que un viento semejante a un huracán lo hacía más insoportable, que no cesó un instante hasta el siguiente día en que nos encontramos en tal estado que apenas podíamos dar un paso; tal era el entorpecimiento de nuestros miembros. Pronto vino el Sol a iluminar la majestuosa escena que nos circundaba y que hiriendo con más fuerza los encumbrados picos de las nieves eternas de Mana-cahua, Mana-lahua y Mana-huailla, eran como fanales suspendidos en los cielos que reflejaban su luz sobre todo los puntos de la montaña. Ningún espectáculo en el mundo puede dar idea de la montaña volcánica en la que nos hallábamos. Piénsese en un espacio de diez o doce millas de circunferencia a dos mil pies, aproximadamente, de profundidad, conteniendo en tal superficie más de setenta cráteres cónicos ya apagados. Abrácese con la imaginación el foco interior que parece que aún agita toda esa superficie y que a nuestros ojos parecían otras tantas bocas del infierno de los poetas; sus crestas sulfúricas, sus hendiduras profundas semejantes a otros tantos cráteres, el aspecto ondulante de aquella superficie inconsistente y se tendrá entonces una idea incompleta de aquel cuadro que teníamos delante, cuadro ciertamente tan aflictivo, tan grave, que durará en mi memoria como uno de los fenómenos más sublimes que ha herido mi imaginación durante mi peregrinaje.

Almorzamos un poco de pan y queso duros que nos quedó en las alforjas y comenzamos a hacer un descenso que bien podría decirse que era otra pena. Después de haber subido a la mayor altura a la que haya llegado algún ser humano, exceptuando Plinio, Humboldt y Ulloa, tuvimos que descender a la mayor profundidad que haya tal vez en la tierra. Era un declive casi perpendicular, sembrado todo de piedras y guijarros sueltos, atravesado por torrentes que precipitaban, en todas direcciones, tremando su origen eterno, la nieve y el hielo que cubren las cimas de los Andes. Nos era aquí imposible descender un solo paso a caballo porque en la piedra lisa y en la tierra jabonosa resbalaban los caballos, aun sueltos, y caían algunas veces de frente o se doblaban sobre sus manos, dando un trabajo y una fatiga indescriptibles para poderlos levantar. Caminamos, pues, a pie, llevándolos de la brida, volteando los ojos para atrás y para adelante y saltando de un lado al otro, de un punto a otro por el temor de que los caballos no cayesen sobre nosotros. Algunos trechos estaban inundados de agua y no habiendo más senda sino el mismo lecho de los torrentes, nos era forzoso caminar dentro del lecho, con agua hasta las rodillas. Figúrese el lector a mí y a mi guía cargando alternadamente mi hijo con el brazo derecho y tirando con el izquierdo el caballo por las riendas; figúresenos en este penoso afán con los rostros inundados de sudor, los caballos desgreñados y cubiertos de polvo, con los ponchos llenos de lodo, con los sombreros de copa abollados y las alas caídas como las de un halcón mojado por la lluvia; figúrese vernos en fin temblando de frío, con las polainas que nos llegaban hasta la mitad de la pierna y nuestras espuelas roncadoras que nos obligaban a andar de puntillas dando saltos de derecha a izquierda. Ésta era, sin duda, una escena de la que una alma sensible habría hecho un cuadro sentimental, y que un genio como Cervantes habría presentado una pintura como la de Don Quijote y su escudero.

De esta suerte fuimos descendiendo hasta que al entrar la noche llegamos a un zarzal hermosísimo donde pasamos una noche mejor que la anterior. Ésta era ya otra región; comenzaba aquí la vida, la vegetación para ir aumentando gradualmente hasta llegar a su más poderosa fecundidad.

Al día siguiente nos levantamos con la alborada, por el deseo de ver el paisaje nuevo que se extendía a la vista de esta eminencia y más aún por la ansiedad con que deseábamos llegar en ese mismo día a la Misión que quedaba todavía a nueve leguas de distancia, de malos caminos y en constante descenso. El día había amanecido con extraordinaria belleza: bajo un cielo azulado, límpido y sin nubes se veían los valles profundos de Maranura, Chinche, Santa Ana y Pintobamba, enriquecidos por pastos y mil arbustos floridos en sus altas vegas y de abundantes cosechas y sementeras de cafetales, cañaverales y «cocales» en su lecho, con mil lugares plenos de álamos frondosos, de naranjales, de limoneros y atravesado su centro por el caudaloso Vilcamayo que perezosamente dejaba escapar sus aguas verdosas por un cauce guarnecido de la más frondosa vegetación. ¡Qué transición tan repentina para la vista y el corazón! ¡De un lado, la vida, del otro, la muerte! ¡De una parte el paraíso, de otra el infierno! Al contemplar aquellos prados virginales, aquellos campos de paz y de calma, lloraba interiormente la terrible tragedia que había representado y que tan cruelmente me privaba de haberlos gozado. Mientras más descendía y me aproximaba más a aquellos valles, dejando atrás los áridos y desolados cerros que los protegían, tanto más sentía la felicidad tranquila de la vida del campo, tan distante de las amargas realidades que afligen la mísera humanidad en ese mundo liviano, inconstante y burlesco de la sociedad, en el que caen todos por turno en la misma pena.

Después de una penosa marcha de doce horas, llegamos por fin a las cinco de la tarde a la tan deseada Misión de Cocabambilla. Una prolongada y tortuosa alameda nos condujo a ese sitio encantado. Los dos misioneros Fray Pablo y Fray Ramón estaban sentados en la puerta de su casa, saboreando sus cigarros en medio de un círculo de jóvenes que parecían darles cuenta de sus trabajos. La dulce expresión de serenidad de alma y de alegría de corazón que brillaba en todas las acciones de estos religiosos produjo en mí una vivísima impresión de placer.

Esa expresión de felicidad sosegada e inalterable, solo se halla en los hombres de vida simple y de trabajo y de generosas resoluciones. La escala de la felicidad es una escala descendente; se encuentra mucho más en las situaciones humildes de la vida que en las posiciones elevadas. Dios da a unos en felicidad interior lo que da a otros en brillo, fama y caudal. Mil pruebas tenía de esta verdad. Entremos en un salón, busquemos al hombre cuyo rostro respira la mayor satisfacción y preguntemos su nombre; con certidumbre su nombre es desconocido, pobre y sin importancia en el mundo: ¡en todas partes se revela la Providencia!

Yo no era personalmente conocido por estos religiosos; sin embargo, al declararles mi nombre y la causa de mi aparición en ese lugar, me recibieron como a un antiguo amigo: pusieron a mi disposición un cuarto con cama limpia y aseada, sillas y una mesa. Sirviéronme una cena compuesta de pescado fresco de Vilcamayo, plátanos cocidos y verdura cultivada en su huerta.

Les conté mis desgracias, que ambos escucharon con pena, tratando después de consolarme con aquella unción con que saben hacerlo siempre los buenos religiosos. Pasé una noche deliciosa después de tantas fatigas, sentado, junto con mi guía, en una de las ventanas que dominan el paisaje de la Misión y desde donde se divisa el río, cuya verde superficie alumbraba una luz serena y cuyo murmullo y frescura llegaba hasta nosotros. Tres días ocupé en recorrer los lugares más bellos de este paraíso.

¡Cuán encantadoras me parecieron y cuán suavemente pasaban las horas! Yo habría deseado vivir allí toda mi vida si hubiese podido tener junto a mí todos los objetos caros a mi corazón, y si mi suerte no hubiese estado escrita de antemano.

Al final de los primeros ocho días recibí un expreso con una carta en la que se me daba una relación minuciosa de las extorsiones que el General San Román había hecho en la capital del Cuzco para apresarme después de su famosa traición al General Vivanco. Mi casa y otras varias de familias respetables, con las que tenía amistad y en donde sospechaba que yo podía estar oculto, fueron asaltadas por una soldadesca desenfrenada; fueron puestos centinelas en las salidas de los caminos y en los puentes para impedir el paso de todo individuo, sin ninguna excepción, durante un lapso de ocho días; se expidieron órdenes para todas las capitales de provincia y de los departamentos del Sur para que me apresaran en el caso de que yo pasara por algunos de esos lugares; apresaron también a mi hermano en el cuartel.

Se había ejercido, en fin, tales actos de despotismo y horror, que apenas podían ser creídos por aquellos mismos que los presenciaron.

La benevolencia y la hospitalidad de los misioneros de Cocabambilla

Cuatro días después de saber estas noticias, recibí otro expreso; en él me anunciaban la salida de un pelotón de caballería en persecución mía por los valles de Santa Ana, con orden de penetrar hasta la Misión y, si fuese posible, hasta más adelante. Comuniqué a los misioneros estas noticias, así como mi intención de internarme en el país de los salvajes. Los buenos religiosos, después de haberme manifestado largamente los inconvenientes de una marcha por esos bosques casi impenetrables y de una existencia penosa en regiones donde no se hallaban recursos de vida, trataron de persuadirme que permaneciese en la Misión; asegurándome que allí no podían tomarme preso, aun en el caso de que un batallón entero saliera a mi alcance. «Nadie manda aquí sino nosotros —me decían ellos— el pueblo nos ama y respeta; obedecen lo que le mandamos y darían la vida por servirnos.» Me mostraron lugares donde podía ocultarme con seguridad en el caso de que la noticia se hiciera realidad; ofrecíanme atalayas en el camino para anunciarme la venida de los soldados; me prometieron, en fin, toda clase de garantías con un cariño y una benevolencia que no me habría sido posible resistir sino hubiera sido por el instinto de conservación y por el conocimiento que yo tenía del carácter y las atrocidades de aquella turba de vándalos que, hacía tanto tiempo, diezmaba a los ciudadanos, asolaba la patria y echaba a los pies cuanto había de más sagrado sobre la tierra. Insistí, pues, en mi resolución, con pesar, y dispuse mi partida agradeciendo a los padres sus generosos ofrecimientos.

Los días plácidos que pasé con aquellos hombres piadosos a la sombra de esos álamos encantadores, la amistad cordial con que me trataron, su conversación y simplicidad, ejercieron tal influencia en mi sensibilidad y se grabaron con tal fuerza en mi corazón que daría un mundo por abrazarlos ahora y mostrarles una lágrima de gratitud.

¡Cuán impíos son aquellos que hablan mal de los misioneros! ¿Se olvidan por ventura de los beneficios que han hecho a la Humanidad? La civilización americana, ¿no está llena de recuerdos del celo que desplegaron en la prédica del Evangelio? Su valor, su abnegación, su constancia, dieron a sus trabajos apostólicos un carácter de heroísmo que solo pueden negarles aquellos que los juzgan con prejuicio o que los desconocen por ignorancia. Cuando las señales de la redención se levantaban en medio de los cadalsos y los misterios de fe eran celebrados entre millares de víctimas, unos cuantos, sin más armas que las de la persuasión, recorrieron los parajes más apartados del Globo, para rescatar de la vida salvaje a los más indómitos moradores del desierto. Ningún obstáculo los detenía, ningún peligro los amedrentaba, y su sangre regó más de una vez los campos fecundados con su sudor. La historia no los acusa de ningún crimen y sí recuerda muchas de sus virtudes. No fueron ellos los que asolaron México y el

Perú, ni tampoco los que presenciaron el suplicio de Cuatemotzin y Atahualpa. Los Olmedos y los Velardes no fueron misioneros. A los misioneros les es debida la cesación de las crueldades que enlutaron el nuevo mundo, y cierta protección que las leyes coloniales dispensaron para los indígenas y, si sus derechos no quedaron más garantizados, no fue por falta de celo de los catequistas, sino porque era prepotente la acción de los magistrados, cuya jurisdicción hasta llegó el caso de desconocerse para librarse de sus vejámenes. La independencia con que los misioneros se dotaron frente a las autoridades civiles, influyó desfavorablemente en el porvenir de las Misiones que, entregadas a sus doctrinas, tomaron el carácter y los hábitos de las comunidades religiosas.

Esa vida monástica, esas prácticas ascéticas y, sobre todo, la falta de propiedad y la ausencia de contacto con los demás pueblos, enervaron el vigor de los indígenas y los sumieron en una profunda apatía. En este letargo vegetaron largos años mientras continuó la influencia de sus directores y, aun después que fueron expulsados, no pudieron levantarse de su abatimiento. ¡Tan grande es la fuerza de las costumbres en una naturaleza salvaje! Sin embargo, la cooperación de los misioneros fue benéfica y la ineficacia de los medios que se emplearon después para recuperarlos muestra prácticamente el vacío que dejaron en la administración de las colonias. Su poder fue inmenso y se aplicó a organizar, cuanto todo respiraba devastación. Esa virtud pacífica de los propagadores de la fe, facilitó el camino para muchas e importantes novedades. ¡Tal fue, por ejemplo, la de los Antis que habían resistido al ejército de los Incas y al poder de los españoles!

Capítulo II. Descripción de las quebradas de Taray, Calca y Urubamba y de los valles de Santa Ana, desde la población de Taray hasta la Misión de Cocabambilla

Siendo los lugares arriba mencionados parte de nuestro itinerario del Cuzco al Gran Pará y siendo su descripción de algún interés para los que desean conocer las costumbres y la geografía de las regiones interiores del Perú, que hasta ahora no han sido descritas por ningún viajero, juzgamos necesario hacerlo antes de continuar con la relación de nuestra partida de la Misión al país de los salvajes.

Las quebradas de Calca, Taray y Urubamba

Las quebradas de Calca, Taray y Urubamba son campiñas que se extienden en forma de semicírculo por el centro de dos cadenas de colinas que van del Sur al Sur Este del Cuzco, protegidas a su vez por otras dos cadenas de la gran cordillera de los Andes. Terminan al Sur en los valles de Lares y al Sur Oeste en los de Santa Ana.

Si hay algún lugar en la tierra que pueda parecerse al paraíso terrenal son sin duda estos campos. Situados a cuatro, cinco o seis leguas de distancia de la antigua capital de los Incas, forman un delicioso jardín natural por cuyo centro serpentea majestuoso el Vilcamayo, fertilizándolo con sus abundantes aguas.

Sobre las márgenes de este río se levantan, a casi igual distancia las pintorescas villas de Taray, Calca y Urubamba y los lindos pueblitos de Pisac, Coya, Lamay, Yucay, Urquillos y Huallibamba, habitados por hombres simples como los de los tiempos primitivos.

Entre una y otra población se hallan también esparcidas las haciendas, dejando ver sus negras paredes y sus tejados rojos por entre hermosos sauces y manzanos.

De ambos lados de la quebrada se alzan los oteros poblados de bosques y de airosas y verdes arboledas; infinitos torrentes de agua cristalina descienden burbujeando de las alturas y van a regar sumiendo los campos, cuyo aspecto voluptuosamente alegre recuerda las planicies de Suiza en primavera.

A la entrada de cada caserío yerguen sus cabezas orgullosas los pysonaes tan antiguos como el mundo, sobre cuyas copas frondosas entona su canto la enamorada cuculí. Sobre ambas márgenes del Vilcamayo se dilatan fértiles vegas cubiertas de frutales; y, salpicados por el campo y por las faldas de las colinas, centenares de granjas asoman sus techos por entre el follaje oscuro de melocotoneros y limoneros.

Imposible sería infundir con palabras una idea del contento y abundancia que hay en estas quebradas y de lo que no desdice el aspecto de los moradores que se ostenta en cabal armonía con la espontánea feracidad de la tierra. En todas partes se encuentran mujeres agraciadas, robustos hombres y niños rollizos; en todas partes una afable son risa sirve de acogida al forastero; y el saludo de buen viaje lo acompaña en su jornada. En todas partes al menor indicio del deseo de descansar, se abren las puertas de la casa para el pasajero a quien conducen a una sala con tales demostraciones de atención que no dejan lugar a dudas sobre el placer que se tiene en hospedarlo.

Siempre se halla allí dispuesta de antemano la mesa con una servilleta blanca y algunas botellas de vino y no dejan de aparecer luego la papaya de Lares, las unuelas y las uvillas, el queso y la leche cuajada.

La alegría nativa y el abandono a los placeres campestres que reinan sin interrupción en estas deliciosas mansiones, solo podría comprenderlos quien en medio de ellos ha podido gozarlos.

En tiempo de cosecha las familias de la ciudad del Cuzco acuden a estas quebradas a animarla con su presencia, durante un lapso de uno a dos meses. El género de vida que llevan durante esa época del año es bien digno de describirse.

Al romper el día, cuando los primeros rayos del Sol iluminan apenas las cimas de las sierras que ornamentan la quebrada, y cuando la yerba del campo está todavía cubierta de una blanca capa de escarcha las muchachas se hallan en la puerta de la sala, batiendo el ponche con sus delicadas manos mientras otras van sirviendo ya la espuma en largas copas de cristal o entregándolas a sus madres, padres y amigos que, agrupados en círculo se deleitan a la vista del néctar matutino.

Una hora después de tomar esta golosina, entran las vacas en el patio, oliendo a leche y gordas como un tonel. Corren luego las muchachas vestidas todavía a la desabillé y con los cabellos destrenzados que ondulan sobre sus espaldas de alabastro, forman grupos simpáticos alrededor de cada animal, como las vírgenes de Ossian en las praderas de Escocia.

Se ocupan otra hora, por lo menos, en extraer y beber la leche, algunas veces en lindas jarras barnizadas, otras veces en copas doradas, mezclada con un dedo de vino generoso. No faltan tampoco allí las amarillentas tajadas de bizcochuelo hecho por ellas mismas.

Las señoras de gusto más exigente, provistas de hojas secas de maíz, cortadas en forma de cuchara, toman con ellas solo la espuma de la leche.

A las once está ya listo el almuerzo, compuesto del oloroso y excitante chupe, de dos huevos fritos, de las humitas, los tamales, el queso fresco, el cabrito asado y el delicioso pisco. La mesa, contrariamente a lo que se acostumbra en Europa, es presidida por la persona más respetable entre los convidados o huéspedes. Rodean la mesa robustos y aseados criados, muchas veces en mayor número que los amos, que activos y diligentes sirven con una prontitud que no deja nada que esperar ni a sus estómagos ni al deseo de los patrones. Nada puede igualar al cariño y la fraternidad que reinan y los chistes y ocurrencias conceptuosas que animan estos banquetes rurales.

Quedaría espantada una lady aristocrática y se pondría muy serio un excéntrico gentleman viendo a las señoras de clase más elevada no desdeñar ofrecer alguna cosa delicada a un amigo de distinción. Y, no obstante, no hay en esto nada que disminuya la pureza de su alma. Tan cierto es que la etiqueta y el exterior no forman el fundamento de la moral.

El joven favorecido no deja, por su parte, de corresponder a ese obsequio. Si una muchacha se toma esta libertad, él la tiene con más razón. Una pierna de gallina que todavía no ha sido tocada, un ojo de carnero, una alita de pollo, un corazoncito, un bocadito de pimienta, una copita de vino son los regalos que se cruzan sin cesar de un lado al otro de la mesa.

Mientras tanto, los viejos cuentan sus historias con una simplicidad patriarcal y las ancianas se complacen en ver el contento y la alegría de sus hijas. No faltan de vez en cuando breves anécdotas oportunas o epigramas picantes que hacen estallar de risa a todos, dejando ver los dientes gastados de los ancianos o haciendo de sus caras originalísimas caricaturas. Así termina la segunda sesión gastronómica de los habitantes de la quebrada.

A la una del día, en que el Sol comienza a calentar la tierra, se va a tomar un refrigerio en el tendal sin necesidad de la nieve de las montañas. Este es otro lugar pintoresco que la imaginación de los novelistas europeos no ha adivinado aún.

Un tablón de tierra cercado por los tres lados de una palizada de juncos secos unidos con queshua (hilos de paja) y de una altura de tres varas, está todo cubierto de chala (cáscara de maíz), teniéndose abierto el lado que domina la parte de la campiña por donde corre el Vilcamayo.

Sobre este tablón se halla extendido el maíz en marlo en columnas paralelas que tienen una vara de distancia entre sí, para poder caminar. Es una escena que llena el alma de placer la que presentan estos frutos expuestos así a los rayos del Sol. Las formas, los colores, los tamaños de los choclos, que varían hasta el infinito, forman a la vista un matiz brillante como el de las flores de un jardín. Unos están cubiertos de granos negros como el azabache, otros; de blancos como el alabastro; unos son amarillentos como el color que expande el Sol al ponerse; otros son cenicientos como el estaño bruñido, unos rojos como ascua de fuego, unos jaspeados como el mármol, otros, en fin, están clavados de pepitas de oro.

Entre los espacios que forman las columnas de maíz, se encuentran esparcidos, como por descuido, el sauce y la retama en flor, bajo cuya sombra se sientan las señoras, a la usanza árabe, con la cabeza descubierta y las piernas cruzadas, vestidas simplemente con un traje blanco de casa y un pañuelo de seda prendido al pecho con un rico alfiler de oro en el que brilla una perla o un diamante solitario. La brisa que sube de las márgenes del Vilcamayo acaricia suavemente sus ondulados cabellos de ébano así como las largas mangas de su vestido que dejan ver las manos torneadas como las vírgenes de Byron.

Entre ellas están sentados los hombres, vestidos con sus chaquetas blancas y sus sombreros de paja y con unas maneras que un ciudadano de París no hubiera imaginado, ocupados todos en desmoronar el maíz con tal afán y prisa que se les podría tomar por los obreros de Oxford y Manchester. El aguijón de las apuestas que hacen para cantarse un yaraví es lo que los pone con tanto empeño y afán.

Cuando el sudor comienza a correr por las blancas frentes de estas bellas trabajadoras, aparece la leche cuajada en fuentes de plata, temblando como una jalea y con mil estrías de miel de abejas, para refrescar el calor del medio día y mitigar la fatiga con este sabor campestre.

Llega el descanso, y las muchachas se dejan arrastrar muellemente o se sumergen con ardor en aquella felicidad rural que por todas partes las rodea. Sin poderse oponer a esas arrebatadoras delicias, les dan el último aliento con pródigo corazón. «En este lugar encantado sus miradas pasan del rostro de sus amantes a las magnificencias de aquella cosecha dorada y tornan fascinadas para perderse en las miradas de ellos mismos. ¡El amor y el Sol! ¡Las dos luminarias del universo! Nadie muere de alegría en la vida real.» Acabado este festín del mediodía, se retira cada uno a su cuarto.

Cuando los ardores del día han pasado, los repiques de una campana, colocada encima de la puerta principal anuncian la hora de merienda. Vuelven a salir los huéspedes de sus cuartos y se dirigen, en grupos o por parejas, a una enramada formada cerca de un vasto pisonay, en un andén (ancha degradación de terreno) elevado desde donde se descubren hasta perderse de vista las bellas praderas que lame el Vilcamayo y las vastas riquezas de lejanos horizontes. Se sirve allí una abundante merienda, compuesta toda de fruta y productos de la Quebrada, preparada por la misma dueña de casa.

El sabroso asado de vaca y de carnero, los capones gordos y dorados con huevos, los filetes asados, el ají de diferentes clases, la olla abundante, los choclos verdes con queso fresco, el chuño y el cachuchuño con mantequilla, la leche, la aloja, la chicha de caña, la cerveza de maíz sazonada con azúcar, clavo y canela figuran con otros muchos manjares en este banquete de la tarde.

Los mismos obsequios, los mismos mimos, la misma cordialidad que en las comidas anteriores se prodigan en esta ocasión; solo hay una diferencia entre aquéllas y la merienda: y es que ésta se sirve en el mismo campo, cubierto de amplios toldos de Cochabamba y Mojos y hombres y mujeres se sientan en el suelo, sobre ricas alfombras de Puno.

Terminado este banquete, en que los vapores del vino han exaltado un tanto la imaginación, dejan el lugar y van, en parejas de brazo, al sitio más elevado de la andenería, que ha sido preparado y aliñado previamente para el baile y los juegos de prendas.

Un par de guitarras y dos charangos españoles, manejados por hábiles tocadores entre los más elegantes jóvenes de la concurrencia y a veces un par de flautas, forman la orquesta para este baile campestre. A los primeros sones de esta dulce vihuela (violín) que tantos corazones conquistara en América y España, a las primeras vibraciones, decimos, de estos entorchados graves (bordones), de esas cuerdas mágicas, que aún vagan por el aire en el momento de afinar el instrumento, se ven brillar de voluptuosa alegría los negros ojos de las muchachas y, como si fuese por la impresión de un choque magnético, se dibuja en sus fisonomías la expresión de las sensaciones amorosas que van a despertarse en sus corazones.

Luego que la orquesta ha hecho estallar sus sonoros arpegios y sus armoniosos acordes, se nombra al bastonero que tiene que escoger tanto el baile como las parejas que deben ejecutarlo. La manera cómo se escoge tiene una particularidad digna de referirse.

El bastonero, en el momento de ser designado, recurre el círculo de los concurrentes con una mirada despaciosa y después de abrazar a la más digna doncella, sea por su belleza, sea por su rango, sea en fin por su fama en el baile, se acerca a ella y con una galantería caballeresca, pone sobre su regazo un delicadísimo pañuelo de lino de Cambray, bordado y perfumado con «agua rica» de Santa Teresa. Es esta la señal de que es ella la llamada legalmente para romper la danza. El bastonero señala, enseguida, uno de los jóvenes más gallardos para servir de pareja a la doncella; y salen entonces los dos al medio y colocándose a diez o doce pies de distancia, uno frente al otro, esperan el primer eco de los glosadores, teniendo ambos el pañuelo en la mano derecha y la izquierda graciosamente puesta en la cintura. Cuando la glosa ha estallado comienzan con la danza o el baile de tierra, tan original, tan gracioso, tan lleno de movimientos voluptuosos y seductores que es necesario hacer una descripción separada de este baile.

El baile popular

El baile popular que se divide en diferentes clases, cada una con su denominación propia, como la zamacueca, la mariquita, la mariposa, etc., es en su letra una especie de copia de pie quebrado. La guitarra rompe primero con un sonido suave y melancólico en mi mayor, pasando alternativamente y sin variación a mano izquierda de una posición a otra, y la derecha hiriendo las cuerdas a lo rasgado primero dulce y blandamente y luego después fuerte y estrepitosamente, según la intención de la copia. Al comenzar el canto entra la bailadora sola o acompañada por su pareja y los músicos imprimen en las cuerdas su buen gusto y su sensibilidad. En este momento, el que canta o el que toca y la que baila, se unen con un sentimiento propio, se exaltan, se entusiasman, el primero con sus trémolos, el segundo con sus suspiros y tristísimos gorjeos y la tercera con sus mágicos movimientos arrebatan de tal modo a la concurrencia que todos prorrumpen en monosílabos de placer y en gritos de entusiasmo. Entretanto, algún decano, ya por sus años, ya por su voz averiada, lanzado como un pseudo cantor u otro aficionado que espera a su vez desvelar su copia, con los dedos sobre la mesa o con palmadas, marcan el compás y la medida de la orquesta.

Principia a tocarse el baile, resonando los trémolos penetrantes sostenidos con los melancólicos acentos del bordón, acompasado todo por un modo grave y solemne; y dando el inteligente tocador un blando golpe en el revés del instrumento (particularidad que aumenta la atención del auditorio) comienza el cantor con un prolongado suspiro.

Principian a bailar una dama y un caballero. El segundo bien presentado, con mucha gracia y atildado en el traje; ella tan picaresca en su vestimenta como lindísima de rostro. El hombre, sin el sombrero pues lo arrojó a los pies de su dama para provocarla más al baile, y ella sin mantilla y vestida de blanco, comienzan al son de la guitarra a dar muestras de su habilidad y gentileza. El delicado pie de la joven se pierde de vista por los giros y vueltas que describe y por los primores que ejecuta. Su airosa cabeza, ya vuelve gentilmente para el lado opuesto, donde serenamente discurría, ya se aleja con desdén y desenfado de sus brazos, ya en fin siendo rodeada por ellos, como queriendo ocultarla y entregarse, ofrece para el gusto las proporciones de un busto griego y para la imaginación las ilusiones de un sueño voluptuoso. Sus brazos mórbidos y de lindas proporciones se elevan o bajan con éxtasis o se extienden como en desmayo o se agitan como en un frenesí o delirio; por todas partes circula ella blandamente como el cisne que hiende las aguas o ágil y rápida como sílfide que surca los aires.

Y el hombre la sigue, menos como un rival con destreza que como un mortal que sigue a una diosa.

Los cantantes hacen llover copias para provocar y multiplicar otros cambios y actitudes nuevas.

Uno dice:

> Toma niña la naranja
> que cogí en mi naranjal.
> Mi corazón está dentro
> no lo vayas a cortar.

Otro exclama:

> De mi amor no te quejes,
> linda deidad no llores.
> Que es propio de las abejas
> picar donde encuentran flores.

El concurso, entre tanto, se anima y llega al delirio. Todos aplauden y dan vivas. Unos, al ver un movimiento voluptuoso y otros al pedir nuevos ritmos exclaman: ¡Ah! ¡cómo es bello! Y ¡quién pudiera explicar o describir el fuego, el placer, la locura, así como reproducir pálidamente las gracias y chistes que por todas partes se dicen y derraman a manos llenas.

Cuando acaba de bailar la primera pareja, la muchacha es conducida de brazo por su acompañante a su sitio; sale luego otra pareja escogida y así sucesivamente, hasta que los primeros albores de la mañana entran a confundirse con el pálido reflejo de las velas. ¡Qué escena de belleza tan particular ofrece esta reunión campestre a los ojos del observador! ¡Cuán agradable es el contemplarse en el centro de aquel rústico ramillete de muchachas y doncellas que expresan en sus rostros salud y alegría, entregadas a los placeres del baile, entre los ancianos que están sentados en derredor y que aprueban con plácida sonrisa los complicados movimientos del baile! ¡Con qué expresión de placer no se fijarían los ojos de un epicúreo en aquella muestra de universal y sincero contento de aquellas sacerdotisas del placer campestre!

La vida feliz de los habitantes de la Quebrada

Tal es la vida feliz que transcurre en la Quebrada durante la época de la cosecha. Acabada ésta regresan las familias a sus casas y vuelven a vivir silenciosas a las márgenes del Vilcamayo, cuyo murmullo perdido antes en la bulliciosa alegría de los habitantes de la Capital, acaricia ahora dulcemente los castos oídos de la cándida doncella. Y la ninfa de estos valles los escucha sentada a la puerta del jardín bordando algunas iniciales en un pañuelo.

Ciertamente que no es menos interesante este paisaje de la Quebrada en su soledad nativa, del que cuando se repleta de numerosa concurrencia; y quién sabe si no es más. Solo un corazón bien formado para los placeres misteriosos lo podría distinguir.

¡Cuán inclinados se hallan los corazones para amar en la libertad del campo, presididos por el genio de la melancolía! ¡Con qué delicia respira el pecho lleno de ternura el aire de suave soledad! ¡Cuán bello es el amor ante la vasta esplendidez de la naturaleza y cómo se embellece ésta ante la arrebatadora mirada del amor.

Aun cuando las haciendas hayan quedado después desamparadas por las familias aristocráticas de la corte de los Incas, ni aún por esto se abandona la felicidad.

Cada domingo, cada día de fiesta, se visitan los hacendados, acompañados de sus esposas e hijos y pasan el día en paseos y diversiones campestres, a pie o a caballo, entreteniéndose en cazar u ocupándose en pescar el abundante pez del Vilcamayo, en libertad y sin pagar los derechos que se exigen en el Sena o el Támesis.

Como es costumbre de reunirse frecuentemente, de verse y halagarse con cariño, se despierta imperceptiblemente el amor en el corazón de los jóvenes; se alimenta con la contemplación, crece y se enmarca en los espacios de ese paraíso, cuyas bellezas lo avivan y cuyo aspecto lo hace algunas veces religioso como en las praderas de la Alemania de Schiller y Goethe.

Cuando el adolescente siente palpitarle el corazón de amor y cuando la doncella de sus simpatías se siente también enternecida, pasando alternativamente del rubor a la palidez, y de ésta a aquél en presencia del mancebo cuando, en fin, han perdido él el sueño y ella el sosiego, van ambos por instinto a buscar remedio a sus males en medio de la naturaleza silenciosa.

Allí, la cuculí que enamora con su dulce canto, de lo alto de un árbol a su compañera que reposa en otro inmediato, les da la mejor lección de amor.

El yaraví

El yaraví es una canción en la que se expresan con un carácter original las quejas y los tormentos de amor. Es una especie de elegía cantada con una música particular, que solo se oye en el Perú y en Bolivia. Tanto los versos como las notas musicales del canto y del acompañamiento son sumamente tiernas aunque monótonas. Tienen en tal modo una expresión de sentimiento y melancolía que no hay en el mundo una música y canciones que puedan ser comparadas a este respecto. La alta y complicada música de las sociedades civilizadas de Europa, esa música de los grandes maestros de la Italia apasionada y de la Alemania espiritualista es sombría y es al mismo tiempo hija del genio y del arte; ella arrastra y deleita el alma tanto cuanto más fuerza hay en aquél y más estudio en ésta.

El yaraví es, por el contrario, una música de la naturaleza; no de la naturaleza salvaje, pero de la naturaleza en su pura armonía; es el primer suspiro del corazón, de un corazón que tuvo su origen en una melodía creada para el amor.

Para tener una idea del yaraví sería necesario escucharlo. Aquel a quien no llegan sus sones, no conoce la voz de la melancolía; nunca escuchó el lamento del amor: hace derramar lágrimas deliciosas; mueve las fibras íntimas del corazón; hace amar con pasión y entregarse al cariño con delirio; no hay nadie que resista a sus melodías, y quien las escuchó, se rinde.

El yaraví es el arma más poderosa del amor en la América española: ha hecho más conquistas en los corazones que las espadas de los héroes americanos por la libertad: es el fruto prohibido del paraíso.

Of that forbeaden tree, whose mortal taste,
brought death unto the world.

El instrumento propio y más peculiar del yaraví es la guitarra;
no hay otro que mejor se acomode a sus acentos como ella
con sus sonidos graves y dulcemente embriagadores ¡Quién
podría pintar los efectos mágicos del yaraví cuando es canta-
do en los bosques de América por una de las hijas de aquellos
lugares virginales! ¡Quién podría expresar lo que pasa en el
interior de un pecho cuando hiere sus oídos con sus melodías
mortalmente lánguidas y penetrantes! Ni Spencer, ni Catulo,
ni Tíbulo, ni Guidi, ni Celio Magno, pueden describir lo que
son las sensaciones que producen en el alma las armonías del
yaraví; ni pueden ellos llevar a la poesía esos transportes de
delirio en que el alma se extasia, esa llama sutil que corre de
vena en vena por todo el cuerpo.

¿Nunca habéis paseado pensativos por el campo en la hora
en que se oye salir por entre los juncos el croar monótono
de las ranas, en la hora sombría en que despiertan todos los
insectos y comienzan su concierto de gritos y zumbidos? Re-
pentinamente una voz encantadora partiendo del frondoso
bosque sombrío atraviesa el espacio; diréis entonces a vuestro corazón: he aquí el ángel de la melodía que entona su
creación nocturna; y habréis parado absortos para aspirar
las mágicas modulaciones del cantor de noches serenas, si-
guiendo todas las influencias de este himno consolador, de
amor y melancolía olvidando los ruidos extraños que antes
perturbaban el sosiego de vuestras almas. ¡Entonces solamente habréis comprendido toda la poesía de una bella noche de verano, a la hora en que las plantas quebrantadas por
el calor del día, reverdecen como la caricia de una fresca y

benéfica cura y lanzan para el cielo, como un atributo de reconocimiento, sus balsámicas emanaciones!

Así sucede cuando pasada una noche de verano a través de los valles, llega a vuestros oídos de repente el eco del yaraví. ¿Quién podría resistirlo? ¿Quién, de no tener el pecho de bronce, podría permanecer insensible?

¡Preguntad de dónde parten esas melodías! Es una doncella que, sentada a la puerta de su jardín, por donde pasa murmurando un manso arroyo en que se pintan los pálidos reflejos de la luz y acompañada de un círculo de oyentes electrizados, hace partir sones íntimos de su corazón, de un corazón ansioso por la duda o movido por el palpitar de un amor naciente.

A cada dos versos hay un intervalo de algunos momentos y entretanto continúan solamente las vibraciones de la guitarra, gimiendo quedamente las dulces pulsaciones de la cantora. Parten de nuevo sus acentos, como suspiros del corazón, acompañados de prolongados ayes, de interjecciones trémulas, penetradas con la voz del amor, que se deslizan como lamento de la vida, el lamento de la pasión.

Cuando un extranjero ha habitado entre aquellas americanas por algún tiempo, cuando ha gozado de su cariño bajo un mismo techo, cuando finalmente ha escuchado, engolfado en melancólico deleite esas canciones amorosas y viene el destino después a arrancarlo de las doradas playas del Pacífico o de los jardines donde ellas florecen en medio de esos valles protegidos por las montañas de los Andes, parece que ha huido de él para siempre la felicidad; y, caminando por las demás regiones del globo, cree que no encontrará iguales caricias como las que mereció de la mujer americana, ni armonías semejantes a las del quejumbroso yaraví.

¡Amables hijas de los valles! Mi mente imagina todavía estar escuchando los acentos de vuestra voz, acompañados de vuestras tiernas miradas que me animaron un día. Yo vi correr entre placeres vuestra vida, envuelta en misterioso velo, como el astro al nacer, cubierto por las pardas nubes de la montaña. Vosotras me hicisteis ver un mundo de ilusiones, de ilusiones que acariciaron mi existencia, que tornaron risueña mi vida. Cuando escuchaba vuestra voz, sentía encenderse en mi pecho la suave llama del placer, inflamarse blandamente mis sentidos como la primera mirada de amor. ¡Qué ideas! Mil imágenes risueñas revoloteaban en torno a mí, cuando sentía evadirse por el aire el grato acento de vuestra voz. Cuando escuché el yaraví de vuestros labios olvidaba que en mi vida estaba escrito —«padecí»—; con mágico poder acariciasteis y adormecisteis dulcemente mis sentidos: vosotras dulcificasteis el licor amargo que en la profunda copa del dolor se anida. Bella fue mi vida escuchando vuestra voz, viendo vuestra sonrisa. Vuestra misión es en la tierra la de ángeles consoladores.

Agradecido, recordaré vuestras misteriosas noches.

Una noche de amor en los valles de la Quebrada

A media noche, cuando la campiña reposa con mudo recogimiento y el céfiro mueve apenas, con leve murmullo el follaje de los árboles que reciben el rocío de la noche, el joven enamorado toma su guitarra y sin más testigos que la noche, va por una senda ligeramente trazada sobre la yerba, sitúase al pie de un árbol vecino de la casa de su amada. Extiende allí su capote, siéntase recostado en el tronco y templa el mágico instrumento, palpitándola el corazón de amor. Las primeras vibraciones que en medio de aquel profundo silencio llegan al interior de la morada, despiertan de súbito a la doncella. Presta oído con palpitante emoción y cuando el canto quejoso rompe dilatándose libre por el ámbito del paisaje, salta en camisa de su virginal lecho y corre a la ventana para escuchar trémula por entre las cortinas de seda, las amorosas quejas del yaraví.

¡Esas melodías no le son desconocidas, son del joven a quien ella ama y de quien sabe que es amada!

Continúa el canto y ella en sus transportes se alegra o se entristece, llora o se abandona.

Aquellos ayes, aquellos suspiros arrancados de lo íntimo del corazón, esas quejas, acompañadas por los acordes de la guitarra, esas protestas, esos juramentos de eterno amor, son mortales para la doncella enamorada; no puede resistirlos; ¡está vencida! ¡El amor ha triunfado! ¡Ah! ¡El amor! ¡Alma del mundo!

¿Por qué no fue dado a Rafael contemplar una noche cara a cara este cuadro de tanta belleza para trasladarlo al lienzo con su pincel? ¡El yaraví! ¡Melodía original e inimitable del nuevo mundo! ¡Y las ninfas originarias de los campos de América escuchándolo en una noche voluptuosa de verano, en las márgenes del Vilcamayo, perfumada por el aroma de un océano de arbustos, murmurándoles alrededor un bello río!... ¡Y ella mostrando en la Luna llena sus formas celestiales y furtivamente, entre las tenues sombras de las cortinas, los delicados perfiles de su rostro y los encantos más seductores de su sexo!... ¡cerrándole el pecho un desconocido poder, extasiada de amor, pasando de la alegría a la tristeza y del llanto a la risa!... ¡brillándole sus negros ojos, temblándole una lágrima sobre sus párpados! ¡Mujer bella de América en los quince años de su edad, de raza árabe trasladada a los jardines de los valles!...

Villas y poblaciones esparcidas en las márgenes del Vilcamayo, en la superficie que comprende el valle de Taray y Calca

La primera población que se eleva en las márgenes del Vilcamayo, en la extremidad occidental del Cuzco, es San Salvador, que sirve de mercado a los productos que se exportan de los valles de Lares para aquella ciudad. Es de temperatura cálida, seca y saludable y tiene de 400 a 500 habitantes dedicados todos a la labranza y comercio del valle.

A San Salvador sigue Taray, linda población sobre la margen izquierda del río, a cuatro leguas de distancia del Cuzco y situada a la entrada de un pequeño valle. Es de temperatura benéfica y tiene de 500 a 600 habitantes, cada cual más sano y robusto.

Fronteriza a Taray se halla la población de Pisac con sus 300 a 400 habitantes y sus inmensos campos de maíz. Es celebrada por su rica carne, sus quesos, mantequilla y patatas que hay allí en abundancia.

A seis leguas de Pisac y en la misma margen derecha del Vilcamayo, está situada la población de Coya, así llamada por ser allí donde pasaban las coyas una estación del año. Tiene de 200 a 300 habitantes que viven bajo un clima delicioso, que les prolonga la vida hasta los noventa o cien años.

A igual distancia y siempre sobre la misma margen del río está situada Lamay extendiéndose sobre una hermosísima y espaciosa explanada, donde se encuentran desparramados aquí y allí pequeños lagos tan románticos y caprichosos como los de Escocia. Tiene más o menos el mismo clima y el mismo número de habitantes que Coya.

Distante de aquel pueblo siete leguas se llega a la villa de Calca, capital de la provincia del mismo nombre. Está situada en la parte más espaciosa de todo el valle, levantando por entre los árboles los techos de sus edificios, tan sólidos y elegantes como los de la capital del Cuzco, con sus cuatro largas calles de comercio y la espaciosa plaza donde se divisa un magnífico templo. Su población excede de 4.000 habitantes, entre los que se hallan los grandes propietarios de tierras de la Quebrada. Es residencia del Subprefecto, del juez de primera instancia y del vicario de la provincia.

Sigue después Urquillos, pequeño pueblo encajado dentro de un grupo de colinas, por entre cuyos pequeños valles se extienden caprichosa e irregularmente sus calles atravesadas por arroyos bulliciosos, que van todos a confundirse en el Vilcamayo, cargados de hojas y flores odoríferas. Existe aquí un convento edificado sobre un monte desde los primeros tiempos de la conquista y en cuyo templo se conserva una virgen tallada en roca, con la invocación Nuestra Señora de Urquillos. Créese que apareció por milagro; en su honra se celebran cada año una feria y fiesta, a la que concurren los devotos de los lugares más remotos del departamento del Cuzco. Apenas tendrá unos 150 habitantes con un clima delicioso.

A seis leguas de Urquillos y sobre la misma margen izquierda del río se extiende el pueblo de Huallibamba en forma de cuadrilongo, tan junto a la ribera del Vilcamayo que sus aguas están besando las calles y en tiempo de creciente se internan tres o cuatro varas dentro de ellas. Es célebre por su exquisita cerveza de maíz que la llevan de regalo en garrafas y cántaros a lugares bastante distantes. Tienen el mismo número de habitantes que Urquillos; su temperatura es la misma.

Cuatro leguas más lejos se llega a Yucay, lugar célebre en la antigua historia del Perú, por haber sido la residencia de los Incas en los períodos del año en que, cansados del gobierno, iban allí a reposar sus fatigas y a gozar del clima y vista deliciosos de este lugar. Todavía existen fragmentos de sus pequeños palacios y fortalezas, edificados con enormes piedras. Está situado sobre la margen derecha del Vilcamayo y tiene una calle de cerca de una legua de largo y dos plazas inmensas circundadas de árboles tan antiguos como el mundo y tan fuertes como el roble, cuyas copas majestuosas se elevan a cuarenta varas de altura. Tendrá también de 150 a 200 habitantes con uno de los climas más felices del mundo.

De aquí se va al Urubamba, capital de la provincia de ese nombre, por un hermosísimo camino de sauces, de media legua de extensión, que se dilata sobre la misma margen del río.

Cada una de estas poblaciones tiene un encanto particular que sería largo describir; pero tienen también ciertos aspectos de belleza que son comunes a todas. Son unas aldeas de lindas casas caprichosamente levantadas en medio de una vegetación frondosa por entre cuyas verdes ramadas muestran sus paredes y techos. A sus lados se extienden bellos jardines, donde entre mil peregrinas flores se alza ufana la azucena al lado de la rosa, que sonríe a las miradas vivificantes del Sol o para la caricia de mil cristalinos arroyos que por todas partes las riegan.

Cada una de ellas tiene una iglesia parroquial construida en una plaza rodeada de corpulentos y majestuosos árboles, que la cubren de una sombra perpetua y le dan un aire melancólico y solemne. Sus grandes y altos cementerios, circundados de cipreses, a los que se sube por más de veinte o treinta escalones, ofrece un espectáculo religiosamente triste, especialmente en los domingos en que no cabiendo los fieles en el templo, los abarrotan de lado a lado en medio de un silencio solemne que solo es interrumpido de cuando en cuando por los acentos solemnes del órgano.

La temperatura de cada uno de estos hermosos lugares es tan deliciosa y saludable, como benéficas sus aguas. Por ello su celebridad, tanto por esta circunstancia como por la belleza de su vista es grande y muy antigua en el Perú. Los que adolecen de alguna enfermedad en el Cuzco, de la que no pueden sanar con los remedios de la medicina van a cualquiera de estos lugares, seguros de recuperar su salud con solo el régimen e influencia del clima. La estación del estío que es en la que se desarrollan las fiebres agudas y las pleuresías la pasa en la Quebrada la mayor parte de las familias principales del Cuzco.

Los jardines de la Quebrada

Los jardines de la Quebrada son también particulares en su aspecto y belleza como son las demás cosas de este paisaje singular. No están dispuestos por el criterio de la jardinería inglesa, que tiene un aire de uniformidad poco romántica, ni tan fantásticos ni curiosamente dispuestos como los que presenta la jardinería francesa. Sin dejar de tener simetría y armonía, primeros elementos de toda belleza física, ofrecen a la vista esos caprichos, como desordenados, según presenta la naturaleza abandonada a sí misma. Al entrar en uno de esos jardines no se presenta de golpe el conjunto, no se encuentra el coup d'oeil recherché, que algunos buscan en el panorama. A medida que se va andando van presentándose diferentes panoramas, que sorprenden gratamente por su belleza particular, por lo súbito de su aparición y lo sobresaliente de sus contrastes que nunca llegan a lo irregular y exagerado. Aquellos labradores tienen un gusto innato y delicado por todo lo que respecta al campo, a las flores y a los jardines. Es, pues, solamente este gusto que hace producir, en su mayor parte, primores en los adornos y el cultivo de la tierra. Calles de mirtos, nivelados a la tijera y encaramadas enredaderas entrelazadas a odoríferos arbustos conducen a diversos sitios destinados al recreo, todos de diferentes aspectos y con distintos adornos campestres: algunas veces son cuadrados, algunas triangulares, otras circulares; en unos corre un cristalino arroyo, donde nadan lindas bandadas de patos, o se bañan alegres bellos papagayos de raros y brillantes colores; en otros, fantásticas fuentes de agua forman lindísimos iris y atmósferas de vapor que refrescan deliciosamente del calor; en otros un fresco y espacioso enrejado con bancos y mesa de argamasa brindan con su sombra apacible para tomar la merienda o la leche cortada; en otros, en fin, una gruta artificial, imitada de la naturaleza, convida en los ardores del mediodía, a cantar las quejas de amor al son de la guitarra.

Algunos de estos jardines, esto es, los que pertenecen a los ricos propietarios, son verdaderamente lugares de delicias que, en su belleza natural, exceden a los de Europa y en el arte tal vez no los envidian. No es raro encontrar fuentes de mármol, enteramente cubiertas de conchas y entrelazadas con los graciosos adornos de la enredadera.

En torno a ellas, al mediodía, cuando hace un dulce calor, gorjean pájaros exóticos, que vienen a instalarse, voluntaria y alegremente en esos retiros perfumados. ¡Qué belleza virginal en esas camelias puras, en esos cactus resplandecientes!

Detrás de esas fuentes de bálsamo se extienden a grandes espacios diversas gradaciones de plantas, de las que solo se ven las flores, y callejuelas primorosas interrumpidas a ciertas distancias por bóvedas de guirnaldas de mirtos y de cupulos de cristal con hermosas macetas suspendidas, donde crecen plantas extrañas de una vegetación aérea y embellecedora.

Los puentes colgantes

Los puentes colgantes de junco son uno de los espectáculos más románticos y particulares que presentan los países de América. Todos los viajeros los han admirado y descrito con mayor o menor verdad; sin embargo es necesario haberlos visto para hacerse una idea de su originalidad y sentir el placer que causa a la vista.

Cada condición de la sociedad tiene sus encantos y sus faces peculiares que cautivan el corazón y sorprenden la curiosidad y el orgullo del hombre; su vanidad y falta de reflexión es lo que los hace despreciar los grados inferiores cuando han pasado a otro. Un ciudadano del viejo mundo acostumbrado a ver la magnificencia de los puentes de Europa, de esos costosos y formidables puentes de fierro y de piedra de encaje, donde la industria del hombre y el genio de las artes han llegado a desarrollar todo su poder, sonríe al leer en la primera página del libro de viajes donde se hace una descripción de los puentes, atribuyéndolos a bárbaros o salvajes. Pero serían diferentes sus sentimientos si llegase a ver, no en un libro, sino con sus propios ojos, esos medios de comunicación que el genio de la naturaleza inventó en la aurora de la civilización. Entonces desearía respirar toda la poesía que inspiran esos puentes movedizos, atravesando un caudaloso río o un espantoso precipicio.

Estos puentes están sujetados sobre dos rocas vivas, cercanas una de otra, generalmente en la parte menos ancha de los ríos o en las partes más estrechas de los precipicios.

Consisten en seis gruesos cables de junco trenzado, estirados paralelamente a pequeñas e iguales distancias de un lado al otro del río o precipicio, cuatro superiores y dos inferiores. Los primeros cubiertos de una especie de caña, teniendo la figura de una parábola, a la que da forma su mismo peso y el trayecto de los pasajeros, sirven para el tránsito; y los segundos, elevados sobre los costados de los primeros a la altura de una vara, sirven como barandas o resguardo. Los seis están asegurados sobre cuatro o cinco enormes troncos, colocados paralelamente, a distancias regulares y amarrados con juncos a otros troncos no menos gruesos, clavados a una gran profundidad de la tierra y ajustados por la parte de arriba con grandes fragmentos de roca. Estos cables envueltos sobre el primer, segundo, tercer y cuarto tronco se extienden aun a una gran distancia.

A la entrada por cada lado del puente hay altas y espaciosas chozas, donde descansan los pasajeros antes de pasar al puente y se refrescan con cerveza, leche o leche asada, quesos o uvillas que de todo hay por allí con la mayor profusión por uno o dos reales.

¡Que vea quienquiera el espectáculo que estos puentes presentan a cualquier hora del día, desde las seis de la mañana hasta las seis de la tarde; que los vea especialmente en aquellas ocasiones en que la algazara, afán y trabajo de los viandantes les dan un aspecto verdaderamente romántico y totalmente original!

Los rebaños de animales de todas clases, esparcidos en torno a las entradas del puente y curiosamente mezclados con los pasajeros, complementan la originalidad de este cuadro de los paisajes de América meridional. Por un lado están las llamas, cargadas de maíz, trigo y cebada, mostrando sus cuerpos garbosos, su pescuezo arqueado y su cintura delicada.

Entre ellas está el astuto borrico, algunas veces tendido en el suelo de cansancio, otras masticando alguna yerba para llenarse la barriga, otras contemplando con pesar el despotismo con que sus compañeros van siendo empujados puente abajo por sus amos, a fuerza de palos y gritos. Más adelante están los estúpidos y corpulentos cerdos, meneando las grandes orejas y teniendo a su retaguardia a un indio con un palo en la mano; en otra parte, en fin, están las ovejas cargadas de abundante y blanca lana. Y todos estos seres están esperando pasar el puente.

Urubamba

Urubamba es el jardín de la Quebrada y su aspecto deliciosamente alegre recuerda la campiña de Suiza. Está situada en una espaciosa planicie en la margen derecha del Vilcamayo que corre con tan serena calma que apenas si se percibe, en el mayor silencio, su murmullo. Tiene la figura de un cometa, cuyo núcleo, de unas mil varas, está formado de calles que se entrecruzan en ángulos rectos, consistiendo su cola en una larga calle de árboles de cerca de una legua de extensión.

Urubamba es un jardín salpicado de edificios: la vegetación forma lo principal, la población lo accesorio. De tal manera que no están muy lejos de la realidad los que dicen que allí solo se vegeta: sus calles estrechas aunque perfumadas, están formadas por muros detrás de los cuales alzan sus cabezas cargadas de flores y frutos los árboles más variados y frondosos.

Hace mucho tiempo que la civilización europea penetró en todas sus fases en este jardín predilecto. Entre la multitud de casas que forman la mayor parte del pueblo, se ven algunas de estructura tan bella y adornada en su interior con tanto gusto como las de París o Londres. Todo el centro está ocupado por edificios altos de tejas, enlucidos y pintados, con bellas ventanas, con rejas de fierro trabajadas por artistas europeos; los alrededores son de casas de paja, humildes, aunque respirando siempre la sencillez del paisaje nativo.

Yendo por el camino de Yucay se entra por un puente sólido de piedra y cal y después de atravesar tres calles, se llega a una amplia plaza, en la que se alza majestuosa la iglesia matriz, en cuyo centro el agua de una pila se eleva graciosamente, de un tubo de bronce, a diez varas cayendo después en borbotones, formando una atmósfera de vapor. Viniendo del Cuzco, después de caminar siete leguas por un ramal inferior de los Andes, desciéndese por una larga pendiente cercada por ambos lados de hermosísimas praderas cubiertas de ricas y abundantes cosechas y más lejos por inmensos pastos en los que se ven millares de ovejas y vacas. Terminada esta pendiente se llega al principio de otra menor, cuyo camino está abierto en roca viva en forma de Z. De allí se descubre de un solo golpe de vista el paisaje encantador del Urubamba que se dilata en profundidad por entre las cadenas de la gigantesca Cordillera de los Andes, que coronada de nieve oculta sus picos en las nubes.

Al acabar de descender esta pendiente, se encuentra casi perpendicularmente un magnífico puente de piedra y cal, hecho en el tiempo de la Independencia por orden del General Gamarra, cuando era Prefecto del Cuzco. Pasado el puente, éntrase en una vasta explanada y luego después en un largo camino de sauces que conducen a la ciudad.

Urubamba tiene un palacio de Gobernación, una iglesia mayor, dos menores, una capilla, una prisión, una casa consistorial, dos paseos y dos conventos; uno de ellos franciscano, desde mucho tiempo inhabitado.

No hay hostería alguna pues los viajeros no necesitan de ella; cada casa es una hostería donde el forastero que llama a la puerta es acogido con más voluntad y prontitud que en un hotel de Europa, aunque éste sea más suntuoso.

Urubamba, célebre por su clima, sus campos y sus frutas, sin igual en el mundo, fue temporalmente la residencia de los magnates del tiempo del gobierno español y de algunos de los hombres más célebres de la Independencia. La Serna, Bolívar, La Mar, Gamarra, Miller y Herrera y algunos otros residieron por algún tiempo, teniendo cada uno diferente actuación, según su genio.

Bolívar, aureolado por las glorias de las batallas, meditó debajo de las sombras de los laureles y mirtos, en la magna obra de consolidar la libertad de los pueblos de América y de sentarse perpetuamente sobre el solio de la democracia.

La Mar, Cincinato del Perú, dejó el Palacio por el Campo, para recuperarse con el arado de las fatigas del mando.

Gamarra, cual otro César cuando iba al lugar de su recreo, lo acompañaba su estado mayor y sus ministros, convirtiendo en corte esa pequeña ciudad. Miller, como viajero, visitó aquellos parajes románticos para saciar su curiosidad y adornar con descripciones interesantes sus memorias sobre la América española.

Herrera, como amante de las bellezas de la naturaleza, gozó en compañía de su esposa que tenía allí grandes posesiones y era hija del Cuzco, esos lugares amenos.

Bujanda, en fin, estudió allí por espacio de cinco años entre las magníficas arcadas de su casa de campo los medios de su encumbramiento. De allí salieron los planes que destruyeron el Perú bajo el cetro de Gamarra y de este hábil y profundo hipócrita.

Urubamba en tiempo de Pascua

En tiempo de Pascua, que es cuando se dan las célebres ciruelas y unuelas en Urubamba, se convierte esta villa en una gran ciudad, con la concurrencia de las familias poderosas del Cuzco, que se dirigen atraídas por tan deliciosas frutas. Pasan allí uno o dos meses, olvidando sus costumbres cortesanas y sin pretensión de imponer sus etiquetas. Todas las clases se confunden allí; todas las pretensiones se disipan, toda la vanidad y lujo desaparece. La señorita de más alta clase se confunde con la más humilde pastora y el más afeminado señorito se reviste de un aire de labrador... Los mismos petimetres toman buen grado mal grado, el porte de hombres y sustituyen por una simple chaqueta de brin la casaca a la francesa, de fino paño. Las señoras apenas usan un ligero traje y un pañuelo de casa, prendido al pecho. Solo las medias y los zapatos, destinados a realzar la pequeñez de sus pies son muy caros y de seda. ¿No tendrán razón? Lo primero a que se dirige la mirada del hombre al ver a una mujer es, sin duda, el pie.

El amor parece ocupar la vida entera de estas gentes, en estos lugares durante esta temporada. En todas partes se encuentran realizadas las máximas inscritas en el árbol de la ciencia: «amad las flores de vuestro jardín, los venerables árboles de vuestro parque, el rayo del Sol que acaricia la naturaleza. Amad a vuestro padre y madre, a vuestra hermana y prima, al pobre que llega a vuestra puerta, al segador fatigado por el trabajo».

No hay quien no respire amor y cariño: el hombre a la mujer, ésta a aquél.

Centenares de parejas con los brazos enlazados salen de la villa al romper el día y van por aquellas calles perfumadas de una leña olorosa y se instalan en los alrededores. Allí, sentados bajo la sombra o vagando por los laberintos de los jardines, pasan una o dos horas de la mañana, cogiendo las ciruelas y otras frutas sabrosas al pie mismo de los árboles.

Cuando vuelven a sus casas, repiten golosamente después del almuerzo, las mismas frutas, sacándolas de canastillas de junco verde con las que se cubre la mesa. Al mediodía salen de casa y se desparraman por todos esos encantadores valle-citos, más dulces y hermosos que el paraíso terrestre, donde la naturaleza ha levantado su trono de flores y yerbas. Y allí, entre arroyos que serpentean a la sombra de los mirtos, entre fuentes y cascadas, bosques aromáticos, aves que gorjean y verdes sendas orladas por el durazno en flor, pasan los calo-res del día cantando y bailando, conversando y jugando sus fantásticos juegos de prendas. Después de la comida y de los cigarros se reúnen todos en la margen del río, ocupando toda la extensión que va desde el puente hasta la entrada de la villa.

Una hora después de ponerse el Sol, cuando en aquel her-moso clima toda la parte oriental del cielo esta cubierta de una cortina de color purpúreo con franjas de oro, cuando el aire está temperado por la brisa, es delicioso este paseo de la tarde en Urubamba. Allí se ve por todas partes brillar, por entre los encajes de las mantillas, ojos negros que hechizan con poder mágico. Allí están las cuzqueñas y urubambinas con sus pupilas revoloteando en sus órbitas y sus miradas que no expresan, como en Esmirna o en Grecia una voluptuosa languidez, sino una pasión fogosa y expansiva.

Su paso majestuoso, su talle, cuyos contornos se adivinan bajo los apretados pliegues de la mantilla, hablan el mismo lenguaje.

Seguramente la vida humana es la misma en cualquier país con poca diferencia; no hay en el universo un lugar tan poco favorecido del cielo que no tenga sus lugares, sus árboles, bajo cuyas sombras no se reúnan los jóvenes durante las hermosas noches de verano para confiarse recíprocamente sus deseos y penas. En todo el universo es el mismo lenguaje de los ojos que habla por instinto a la juventud y que la vejez dicen que olvida. En el verano, a las ocho de la tarde lo hablan desde Pekín hasta Roma, en el Capitolio y en Constantinopla, en el prado de Madrid, en las explanadas de Viena, en los Campos Elíseos de París, en la Chyoja de Nápoles, en la Mariana de Palermo, en la Floriana de Malta, en la Alameda de Lima, en el Lago do Paço de Río de Janeiro; pero en ningún lugar es ciertamente tan expresivo como en la calle del puente de Urubamba.

Las escenas que se presencian en las noches de Luna son aún más interesantes de las que se ofrecen en la mañana o la tarde. En esas noches, en las que en medio de un suave reposo y de una calma infinita pasa la virazón nocturna silenciosa e impregnada de frescos perfumes exhalados de los campos, al caer el Sol, van a las praderas y allí escuchan con avidez el yaraví, que las mujeres cantan por turno. Qué bien dispuestos se hallan los hombres para amar en el espacio libre. ¡Cuánto mayor atractivo no tiene la indecisa claridad de la Luna que los deslumbrantes rayos del Sol del mediodía!

«Necesita el amor para alcanzar el apogeo de sus sensuales placeres las auras de la soledad y de la sombra.»

Aspectos del paisaje de Urubamba visto desde lo alto de
los montes que la guarnecen

América está virgen y aún no está vista por los europeos en
sus lugares más bellos y misteriosos. Esto no es de extrañar:
sus mismos hijos acostumbrados a sus encantos desde que
nacen, ya no reciben las impresiones que ella produce. Los
paisajes de Suiza vistos desde las alturas de los Alpes han sido
descritos por infinidad de hábiles viajeros; y los de la encantadora Italia, jardín de Europa, han sido digno argumento
de la poesía desde Virgilio hasta Dupaty. Las campiñas de
Urubamba, tal vez más bellas que aquéllas, solo necesitan
un bardo inspirado para atraer sobre ellas las miradas del
mundo.

Vistos desde la pendiente de Andamarca, sorprenden
y encantan de tal modo al viajero que al extender su vista
sobre ellas, maneja las riendas del caballo casi sin pensarlo
y se queda inmóvil durante un largo rato, fijando sus ojos
embriagados en uno u otro sitio de aquel diluvio de iris, de
aquel océano de verdura matizado de infinitos colores, sobre
el que se extiende la ciudad, con sus torres y miradores, con
sus calles y muros más blancos que la nieve.

Es éste un cuadro que, más que al viajero, pertenece al
poeta y al escritor.

A su lado extiéndense largos jardines, atrás de los cuales
están los campos cubiertos de cebada y flores exóticas y más
allá montes sombríos que forman entre sí valles y prados,
bañados por todos los arroyos, cuyas caídas bulliciosas se
divisan a lo lejos como perfiles blancos delineados sobre en-
negrecidos peñascos. Y por entre este encantador paisaje se

divisa el Vilcamayo, a manera de una franja verde, sinuosamente extendida en forma de serpiente.

En una parte, los campos de cebada aún verdes, azotados por las ráfagas del viento se asemejan al mar ligeramente erizado por el roce del aire.

De otra parte, amplias calles de sauces, que muellemente se balancean con el aire, se dilatan por una y otra parte, ofreciendo delicioso abrigo a las caricias del amor.

Sobre las chozas y quintas esparcidas aquí y allí entre prados y vergeles salen borbotones de humo que se elevan en espirales al capricho del aire y se dilatan y desaparecen después sobre aquella atmósfera de azul y oro. Y por entre los musgos y blancas paredes de las casitas alzan sus cabezas los manzanos y duraznos ornados con sus hermosas flores. Todo esto recuerda la imaginación de Blair que también describió lo bello en su obra.

La uñuela y la uvilla

La uñuela, según los urubambinos, fue el fruto del árbol prohibido del Paraíso.

Es esa una fruta que pertenece a la especie del durazno y cuyo jugo es un verdadero néctar. Su color es blanco y rosado como la cara de una niña de Albión: cúbrese de una piel muy delicada como la superficie del más suave terciopelo. Cuando está maduro destila un líquido cristalino como la lágrima de una doncella y su color sube de punto, como se ruboriza cuando es adulta. Su carne es tan delicada que se deshace al llegar a los labios y su gusto es el más imaginablemente dulce. Tiene en el centro una pequeña pepa de forma cónica, de cuyo centro se saca una pequeña almendra blanca y sabrosa con la que se hace la horchata, el ponche y mil otras golosinas. Solo su vista incita a comerla y su digestión es tan fácil que se puede comer doscientas o trescientas durante el día, sin que haga el menor mal.

Ollantay-tambo u Ollantay-tampu

A ocho leguas de distancia de Urubamba se halla situado el célebre y romántico pueblo de Ollantay-Tampu, sobre una eminencia o falda de una gran colina extremadamente poblada de árboles en la margen derecha del Vilcamayu. Es un lugar verdaderamente solemne y grande; tiene algo de melancólico y sombrío en su paisaje, sus roquedales y sus bosques, en medio de los cuales aparece asentado irregularmente un pueblo de doscientas casas de tejas y paja, con unos 300 a 400 habitantes. Aquí termina el valle de Calca, Taray y Urubamba; y comienza después de una pequeña interrupción el imperio de esa poderosa vegetación de los valles de Santa Ana que se extiende unas setenta leguas hasta el pueblo de Cocabambilla, que forma su límite orienta.

Este lugar fue y es todavía uno de los más célebres del Perú, por los restos de los antiguos monumentos de los Incas. Hasta los últimos tiempos se han sacado de las cavidades hechas a mano en las peñas, momias de los Incas.

Hasta ahora existen primorosas obras de fortificación que han sido la admiración de los extranjeros y han atraído curiosos de todas partes de la América meridional, que han hecho viajes con el propósito de visitarlas.

Ninguno de los historiadores de Perú relata el motivo que tuvieron los Incas para construir esta gran obra militar ni fue tampoco este sitio en aquella época un límite o frontera del imperio de los Incas para necesitar tales fortificaciones por su seguridad contra alguna nación belicosa y contigua;

porque limitando con la gran cordillera de los Andes, ésta misma es por su naturaleza una barrera que protege de toda invasión por esa parte, aun cuando los indios Antis, que hoy se llaman Chunchos, quisiesen intentarlo transponiendo sus eminencias e inaccesibles cumbres, cubiertas de nieves eternas. Manco Capac conquistó este pueblo; y desde entonces hasta ahora no consta, ni se ha visto o sabido, que alguna vez aquellos habitantes u otros hubiesen intentado semejante empresa.

Entre las ruinas de Ollantay-Tampu existe y se conserva muy clara y visible, a pesar de haber sufrido las inclemencias del tiempo durante tantos años, una pintura hecha en lo alto y escarpado del roquedal, que en la orilla oriental del río de Yucay (Vilcamayo) forma una pequeña entrada a la población. Representa un indio levantando el brazo en actitud de hacer uso de la honda y por consiguiente como un centinela que guarda aquella entrada. En ella se conservaban también, hasta hace poco, vestigios de guaridas. Todos estos monumentos comprueban ampliamente la verdad de la tradición que forma el asunto siguiente.

Rumiñahui y Ollantay (Episodio histórico)
Antes de principiar, esta tradición singular, recordaremos algunos hechos y leyes del antiguo Imperio Peruano que son indispensables para su comprensión.

División del imperio de los incas
Los Incas dividieron su Imperio en cuatro partes referentes a los cuatro puntos cardinales de la esfera celeste; eso es, Oriente, Poniente, Septentrión y Mediodía. La división del Oriente se llamaba Anti-Suyo, que es todo lo comprendido

desde el río de Jucay hacia el lado de la cordillera de los Antis y toda la gran extensión del país de los salvajes. La división del Poniente, que se llamaba Cunti-Suyo, es la comarca actual de las provincias de Chumbivilcas, Paruro, Cotabambas, Aimaraes y todas las que se hallan contiguas a éstas por ese rumbo hasta el mar. La del Septentrión o Norte que llamaron Chincha-Suyo, sigue la dirección de Abancay, Andahuailas, Huamanga, etc., hasta más allá de Quito; y la del Mediodía, llamada Colla-Suyo, sigue la dirección de Colorado, La Paz, Potosí, Tucumán, la República de Chile hasta el río Maule. Esta vasta extensión era la que dominaban los Incas cuando los españoles conquistaron América.

Dividido el gobierno del imperio en estas cuatro grandes secciones, se subdividía cada una en provincias particulares con sus respectivos gobernadores hasta la pequeña porción de decurias en cada pueblo, por cuyo conducto se regulaba y dirigía gradualmente el curso de los negocios de justicia, de guerra, de policía, de hacienda, de manera que la autoridad y deberes de cada mandatario subía desde las decurias, hasta terminar en la corte, en la superior autoridad del gobernador o especie de virrey del distrito de aquella división, cuyas determinaciones no tenían más apelación que el Inca, por lo que el empleo de tales gobernadores era uno de los mayores del reino.

Ley de los incas para clasificar el matrimonio

El príncipe heredero del Imperio debía casarse con su prima hermana, y si no tenía sucesión de ella, debía hacerlo con la segunda, tercera, etc., y cuando con éstas no lo lograba, preveía la ley que contrajera enlace con la tía, sobrina o prima. Así sucedió con Huaina-Capac. El motivo que tenían para esto era su creencia de que, descendiendo los Incas de su dios el Sol, su linaje era divino, y no podía ni debía mezclarse con el de los hombres comunes, por más merecedores que fuesen, porque se consideraba un sacrilegio adulterar así la pureza de su divinidad.

A los Curacas y grandes señores que el Inca consideraba altamente, dábales algunas veces mujeres de sangre real bastarda, esto es, una de aquellas hijas que tenían los Incas con cortesanas según su clase; porque ni el rey podía prostituir la pureza de su sangre en la línea de sucesión legítima, ni el súbdito aspiraba a divinizar la suya con semejante enlace.

Casas de escogidas o vírgenes en el Cuzco. Ley general para quien se atreviese a violar a alguna de ellas

La casa de las vírgenes escogidas que había en el Cuzco y que ocupaba un lugar en que está hoy situado el monasterio de Santa Catalina de Siena, fue una de las más célebres entre las muchas que había en el Imperio peruano. Componíase de 1500 doncellas, fuera de las criadas destinadas a su servicio; debían ser precisamente de descendencia legítima de los reyes y debían entrar a la clausura con la edad, a más tardar, de ocho años, con tanto rigor en su recogimiento, que la escogida que era recibida jamás podía volver a ver a su padre y madre, ni hablar con ellos; solo a la reina y a las infantas les era permitido entrar a visitar aquella casa sagrada; y aunque el Inca tuviese igual permiso por la ley, nunca hizo uso de semejante privilegio. Por declaración de la misma, debía enterrarse viva aquella que hubiese delinquido en su virginidad, debiendo el sacrílego violador perder la vida y juntamente con él todos los que le hubieran ayudado en la ejecución de su designio. Los habitantes del pueblo donde había nacido debían también emigrar para otro pueblo, arrasándose aquél y acumulándolo de piedras para espanto de la posteridad.

El establecimiento de otras casas de clausura o por lo menos su principal y formal reglamento y la de tan terrible ley, debió tener origen en el reinado del Inca Roca, sexto rey del Perú, uno de los mayores legisladores del Imperio, pues en la relación de su vida y hechos es donde la historia comienza a dar noticia de estas instituciones y leyes.

Tradición. Carácter y oficio de Ollantay, su rebelión contra el inca

El general Ollantay era natural del pueblo de Tampu y curaca o cacique oriundo de aquel distrito. Su nobleza, talentos militares y servicios prestados a la corona, lo elevaron al grado de general y de gobernador o de primer jefe de la división de Anti-Suyu. Residía en la corte del Cuzco por su empleo, y dícese que era de aquellos cortesanos de genio intrépido, espíritu fuerte y osado. La belleza de su figura, el prestigio de que gozaba en la corte y las distinciones que merecía por sus servicios, clase y talento le hicieron concebir el alto pensamiento de solicitar a la infanta, hija legítima del Inca, después de ganar su voluntad y correspondencia.

Los ruegos, su personalidad atractiva y la constancia, sobre todo, lograron hacer delinquir a la infanta; y esta debilidad de su persona, tan altamente colocada, no pudo conservarse oculta. Ya la corte murmuraba lo que solo el rey ignoraba.

El general Ollantay sabía muy bien a qué punto había llevado su atrevimiento, pues sabía la imposibilidad que tenía, según la ley, de aspirar a la mano de la infanta y tener amores lícitos, sin que la jerarquía de su posición pudiera cambiar la clase de vasallo, y que como tal no podía ni debía solicitar un enlace divino.

Temía, por otra parte, que una acción tan criminal y extraordinaria llegase, como podía llegar, a los oídos del Inca, y que sus fatales consecuencias hiciesen caer el infortunio sobre su cómplice.

Lisonjeábase a veces, con la idea audaz de que sus prendas personales, sus recomendables servicios, sus altos empleos y el favor del príncipe, podrían elevarlo a la clase real que había ya usurpado impunemente; y entre el debate de la razón con el orgullo y el amor propio tomó el desesperado partido de insinuarse al Inca y pedirle su hija.

El momento en que se hallaba favorecía los propósitos de Ollantay, porque debía presentar al rey el contingente de millares de hombres de guerra, que había pedido de su distrito de Anti-Suyu para continuar la conquista del reino de Chincha-Suyu.

Consideró Ollantay que la ocasión era oportuna y que comprometía al rey en su favor el día en que hiciese la revista general del ejército y en el que procuraría llamar su atención y complacerlo con el brillante y disciplinado despliegue de las tropas bajo su comando. Para eso se esmeró más que nunca en perfeccionarlas y darles especial brillo.

Aquel acto era solemnísimo, pues lo hacía el Inca con toda su corte y grandeza, a cuya vista presentaban los generales sus respectivos ejércitos.

Llegó finalmente el día deseado y en él se distinguió verdaderamente Ollantay, con bizarría marcial y esmerada disciplina.

Al tocarle el turno de presentar sus tropas en presencia del rey, con el champi (alabarda) en una mano y la mascaipacha (gorra de general) en la otra, habló en los siguientes términos:

—Sapa Inca (único y gran señor): tengo la soberana honra de presentaros y poner a vuestros pies el contingente de bravos Antis que mandasteis preparar para la presente campaña. Ellos y yo a la cabeza sabremos desempeñar como siempre y con el sacrificio de nuestras vidas, nuestros deberes y vuestras soberanas órdenes. Señor, solo resta ordenar, para que las invencibles armas de los hijos del Sol triunfen en todas partes sin resistencia. El gran Pachacamac (Creador) anuncia a mi corazón un porvenir de grandes éxitos y prosperidades. El esplendor y grandeza que las rodea, la majestuosa afabilidad con que vuestro rostro, ahora mismo, está derramando gracias y beneficios, comprueban aquel feliz y favorable presagio; y sobre todo son, Señor, un impulso a mis esperanzas para atreverme a pediros el mayor favor a que puede aspirar un mortal.

El Inca lo miró con el mayor agrado y le dijo:

—Si hay en mi poder alguna cosa que pueda exaltarte aún, puedes pedirla con confianza; siempre le he dado consideración a tus buenos servicios.

—Sapa Inca, incomparable rey —dijo Ollantay—, ya que me permitís que os hable y pida, granjeándome vuestra grandeza y poder, permitidme igualmente que para eso os haga un recuerdo que apoya mi demanda y exalta vuestra soberana autoridad.

—Sabéis, Señor, que la casa de Ollantay en este Imperio deriva su origen antiguo desde el establecimiento de vuestro dominio en la tierra. El gran Manco Capac, autor de vuestra estirpe entre los hombres, poco después de haber clavado la barra de oro en Huana-Cauri y de resolver fundar esta imperial corte, decidió llamarse monarca, porque mis antepasados, los curacas de Tampu, fueron los primeros que con su gente se le asociaron, rindiéronle obediencia y contribuyeron al aumento de los dominios que él dejó declarándoles por tanto desde entonces la clase de Incas privilegiados que sin interrupción poseemos hasta el presente.

Todos mis ascendientes elevados a este grado, unidos siempre a los vuestros, han sacrificado sus vidas y reposo al real servicio, y no ha habido conquista en vuestro reino a la que no hayan contribuido con sus personas y tropas hasta entronizar a los hijos del Sol en la vasta extensión que hoy comprende su monarquía.

Esta verdad es un dogma de nuestros anales y nuestros quipus son un testimonio auténtico de lo que digo. Vos, Señor, y esta misma corte y consejos que llenos de sabiduría y probidad os rodean, sois sabedores de esta verdad y por consiguiente del inmemorial derecho que protege mis preeminencias.

Recordáis vos también, poderoso Señor, que como soberano nuestro sois el único dueño y legislador del Imperio, que vuestras declaraciones son leyes inviolables y que a nadie es lícito resistirlas ni interpretarlas. El gran Pacha-Cutec entre vuestros abuelos dejó bien acreditado este peculiar y real privilegio de los Incas, cuando en su reinado reformó, revocó y restableció tantas leyes cuantas nos expresa la historia de sus días y todas teniendo a la vista el alivio y prosperidad de sus vasallos.

Y bajo estos irrefutables principios, es indudable que la casa de Ollantay se ha hecho acreedora, desde nuestro padre Manco-Capac, a toda la exaltación que les quisieron dar sus Incas y que vos, Señor, como tal, podéis verificarlo sin límites. Así, pues, está en vuestra real mano la última y mayor felicidad que me resta pediros para mí y mi posteridad. Mas, Señor...

—¿Por qué no concluyes? —le dijo el Inca—. ¿De qué desconfías? ¿No hablas con el rey que es tu padre?

—Es así, Señor, y esta dulce y benéfica palabra que os merezco, es la misma que os pido realicéis concediéndome la mano de vuestra hija.

Al concluir Ollantay estas palabras, un agitado murmullo sintiose entre los concurrentes inculpando el atrevimiento con que Ollantay insultaba al Inca, su Dios el Sol, intentando divinizar su sangre, cosa de la que hasta entonces no había ejemplo, ni se creía que hubiese alguien que la imaginase.

El Inca, con el semblante airado le dijo:

—Hasta este momento creí que mi vasallo Ollantay era un hombre de sana razón y de rectas y justas intenciones; nunca me persuadí que él, ni ningún otro, fuera capaz de imaginar siquiera el sacrílego delito que ha propalado contra Dios, contra la divinidad de mi sangre y contra la más sagrada e inviolable ley que estableció mi padre el Sol, y que han seguido todos los Incas, sus hijos.

¡Sin duda perdiste la razón cuando pensaste en lo que acabas de decir! porque de otro modo, dime atrevido, ¿olvidaste que la exaltación a que se hallan elevadas tu persona y tu casa, no son tanto debidas a vuestro mérito, como a la generosidad de vuestros reyes, y que aun cuando fuese mayor, jamás podrías salir de la condición de vasallo, de un mero hombre y de la impotencia absoluta de aspirar al sacrílego atentado de divinizar tu sangre, como lo has propuesto, pidiendo la mano de una hija legítima mía, cosa que ni el mismo Dios, mi padre, concedería por la divinidad de su naturaleza?

Tú te has vuelto delincuente de lesa majestad con semejante propósito y voy prontamente a juzgar, con mi Consejo, el grado en que quebraste la ley para que seas corregido.

Entretanto, suspendidas te son las honras, debiendo conservarte en esta corte sin salir de ella hasta nueva orden mía.

Terminada esta respuesta al pedido de Ollantay, y no admitiendo el rey contestación y estando bastante avanzado el día y el ejército pronto a marchar, ordenó que se verificase la revista y se retiró del campo.

Un acontecimiento tan público y que tan vivamente ofendía el amor propio y la soberbia de aquel general, hízole concebir inmediatamente el propósito de rebelarse en sus Estados y coronar su frente del mismo modo que el Inca.

Retirose a su casa, preocupado por una idea desesperada que incendiaba su imaginación y que lo llevaba a meditar profundamente en los medios de realizarla.

No dudaba él que en el Consejo que se iba a instalar para juzgarlo, se informaría al Inca de su crimen y que lo pagaría con su vida.

Resolvió, pues, huir aquella misma noche: y así lo hizo a la hora que le pareció más conveniente, dirigiéndose por el camino de Chincha-Suyu, que era el que había tomado el ejército, con el objeto de alcanzar sus tropas.

Inmediatamente que se reunió a ellas, convocó a sus capitanes y aparentando aún mayor desesperación de la que sentía, manifestoles que el estado y la circunstancia en que se veían, resultaba del desaire con que el Inca había humillado los privilegios de los Antis, negándoles no solamente el grado de antigüedad que por inmemorial derecho habían obtenido en todas las campañas, sino que también había resuelto disolver ese cuerpo y repartirlo entre los demás a las órdenes de otros generales, debiendo dejar él el mando y protección de su propia gente.

—Esta injusticia —dijo—, no puede compartir el tierno cariño que por vosotros profeso y en semejantes circunstancias prefiero antes una suerte desastrosa, haciéndome fugitivo, solo y errante en otra parte de la cordillera de los Antis, para vivir allí entre los bárbaros, como lo han hecho otros hombres grandes y honrados como yo, en lugar de presenciar una degradación tan vergonzosa de mis queridos compañeros de armas que tantas glorias han logrado en los campos de batalla.

Esta determinación —continuó—, voy a ponerla en este mismo instante en ejecución, y solo los reuní para despedirme de vosotros.

Este discurso tan enérgico y conciso como tierno, conmovió profundamente a los capitanes y antiguos camaradas de armas de Ollantay, que le respondieron inmediatamente que la causa era común y que, por lo tanto, su suerte debía ser igual a la de su general.

—Dispón de nosotros y de la tropa a nuestro mando —respondieron—, del modo que te parezca, que gustosos seguiremos a donde nos llevares para defender tus fueros y los nuestros.

Viendo Ollantay que había conseguido lo que deseaba, ordenó que con prontitud y el mayor sigilo se aprestase la división y se pusiese en marcha, desviándose del camino real y tomando la dirección de la capital de su distrito de Tampu y que esto se hiciese con tal diligencia y brevedad que pudiera llegar en el día a las inmediaciones de la capital.

Dirigiose después Ollantay al medio de su ejército acampado y rodeado de sus capitanes, díjoles un discurso en los términos que había pronunciado el anterior, haciendo hincapié en la determinación de realizar un proyecto grandioso, aun a costa de mayores sacrificios.

—Yo considero —les dijo—, la indignación del Inca y las medidas inmediatas que él y su corte han dictado para perseguirme con una fuerza poderosa; pero la ventajosa posición de nuestro territorio nos proporciona una defensa inexpugnable contra nuestros enemigos. Fortificaremos, además de éste, los estrechos desfiladeros que constituyen la única entrada a Tampu; y en el caso de que esto no sea suficiente para defender y asegurar nuestra libertad e independencia, iremos a buscarlas al interior de la cordillera de los Andes, para donde nos dirigiremos en caso extremo, como antes lo hicieron los nobles y valientes generales de los Chancas, Ancohuallac e Inhuaracca, durante el reinado del Inca Viracocha.

Así se originó y estableció la rebelión de Ollantay contra el gobierno del Inca. La tradición no dice si inmediatamente, como era de suponerse, cayó sobre el ejército en rebelión el que se hallaba en marcha hacia Chincha-Suyu. Pero no debe haber duda de que la rebelión subsistió por algún tiempo, pues tuviéronlo para erigir grandes fortificaciones, cuyas ruinas existen hoy y porque fue necesario toda la habilidad de que se sirvió Rumiñahui para sofocarla.

El general Rumiñahuil

Rumiñahui, contemporáneo de Ollantay, habría tenido el mismo grado y empleos que éste, pues fue general y gobernador del distrito de Colla-Suyu, cuya vasta extensión ya dimos a conocer. Y debía ser descendiente de algunos grandes curacas del Collao, porque los Incas no daban nunca el mando superior de un departamento a individuos de otras provincias, a menos que no fuesen de sangre real.

Residía en la corte y como general de división comandaba el ejército destinado a continuar la conquista en las regiones de Chincha-Suyu, de la que hemos hablado. Presenció por consiguiente los sucesos de la rebelión de Ollantay y debió ser inclusive uno de los que lo atacaron infructuosamente en sus fortificaciones durante el tiempo que se mantuvo en ellas.

Rumiñahui no pudo sufrir semejante infidelidad al Inca, ni la emulación y la envidia simulada que reinan siempre entre cortesanos y personajes de igual rango, podían hacer que viese con indiferencia una nueva testa coronada en quien, poco antes había visto un compañero de armas, tan vasallo como él.

Luchando en su imaginación con una idea que le oprimía, meditó largo tiempo en los medios y la habilidad de que podría valerse para destruir este nuevo monarca, cuidando de que sus planes no fuesen conocidos por nadie.

En la vehemencia de su pasión, concibió hacerse delincuente de uno de los crímenes más sacrílegos que podían cometerse entre aquellas gentes, del que no había ejemplo alguno hasta entonces.

Sin comunicar, pues, a nadie su pensamiento, escaló una noche los muros del monasterio de las vírgenes escogidas e introdújose con temerario arrojo.

La noticia de un acto tan escandaloso como inaudito, se esparció al siguiente día por toda la vasta extensión de la ciudad. La corte toda se trasladó a las puertas del convento, en el que resonaban los gritos de consternación y espanto de las vírgenes, ofreciendo en su interior un espectáculo de confusión, como si fuese el juicio final. Y esta consternación y espanto aumentó cuando se descubrió que el autor de semejante atentado era el general Rumiñahui.

El rey, sumergido en el pesar con el conocimiento de que tan enorme delito hubiese recaído en una persona a la que tanto amaba, cuyos méritos eran tan altos y con cuya habilidad y valor contaba para subyugar al orgulloso rebelde de Tampu, lamentaba tan gran desgracia como la mayor que hubiese podido acontecer a su Imperio, magnificando en su mente sus funestas consecuencias. Su corazón se compungía por la más cruel alternativa. Contemplaba, por una parte, la necesidad que tenía su corona del general Rumiñahui y veía, por otra, la ley sagrada por éste infringida, ley que hasta entonces se había conservado guardada en sus quipus, sin que nunca se imaginase siquiera que hubiese mortal que llegara a quebrantarla.

La vindicta pública, la inviolabilidad de las leyes, el carácter inflexible de los Incas en negocios de justicia, todo exigía que el general delincuente fuese tratado con el máximo rigor como autor de tan espantoso crimen. Resolviose, pues, su captura, que se realizó con la cautela y las precauciones correspondientes en una de las prisiones más seguras que hasta hoy existen en ruinas en las fortalezas de Sacsahuamán; cerro que domina la ciudad del Cuzco por la parte septentrional. Procediose enseguida a la formación del juicio de la causa con todas las formalidades de estilo.

Un suceso tan sonado se divulgó inmediatamente por todo el Imperio, llegando hasta los oídos del propio Ollantay.

La atención de todos se hallaba concentrada en los resultados de la causa de Rumiñahui mientras éste guardaba el más profundo silencio. Pasado algún tiempo y cuando calculaba que el estado del proceso había ya puesto en claro su comportamiento con las vírgenes en las pocas horas que estuvo en el convento, solicitó una presentación al Inca, a fin de decirle que en las tinieblas de su calabozo se le había aparecido una noche en sueños el gran Pacha-Camac (el Creador de la Tierra) y le había comunicado asuntos muy graves, conducentes a su justificación y al bienestar del Imperio; que era necesario que él los supiese sin pérdida de tiempo. Concluía pidiéndole que a ese fin le fuera concedida una audiencia reservada por muy corto tiempo.

El Inca consultó esta solicitud con el Huailla-Huma (Sumo sacerdote) y los principales miembros de su consejo. Como el asunto estaba revestido de tanto aparato y al mismo tiempo se fundaba en la revelación, materia que obraba poderosamente en el ánimo de aquel pueblo, resolviose que fuese concedida la audiencia en los términos en que la pedía el reo.

Amarrado con un lazo de oro desde los hombros hasta las espaldas y escoltado con doble guardia, fue conducido al palacio y puesto en presencia del rey, cuya sensibilidad e intenso dolor de ver a Rumiñahui en tal situación, se expresaron vivamente en su noble y bondadosa fisonomía.

Dirigiole al instante una mirada indescriptible de compasión y tratándolo de igual, retirose con él a un lugar apartado.

—Incallay (mi venerado rey) —dijo el reo al Inca—, creíste tal vez que tu amado y favorito general Rumiñahui, desmereciese tu paternal protección, cometiendo el execrable delito del que ha sido acusado. No, Incallay, no, las cuerdas que oprimen mi cuerpo y la deshonra en que agoniza mi alma y agonizará algún tiempo, no son tan terribles para mí como la amarga idea de haber afligido y consternado un corazón tan amoroso y paternal como el de mi Inca y soberano. No, Señor, no es así; Rumiñahui, cargado ahora de cadenas y oprobio ante tu presencia es el mismo en su acrisolada honra para contigo, que cuando está cargado de brillantes insignias y distintivos con que tu munificencia lo condecoró. El estado en que ahora lo ves es efecto de amor, de la fidelidad que eternamente te profesa y de los deberes que el cielo le impone como general de los ejércitos del Inca.

El atentado de Ollantay fue la causa de esta situación, pues no pudiendo mi lealtad sufrir el ultraje que aquel rebelde hizo a tu corona, busqué en mi imaginación los medios de castigarlo y cortar el vuelo de su insensato orgullo; fui por lo tanto llevado de estos honrosos deseos que resolví acometer la acción de que se me acusa, la cual, al mismo tiempo que resonase en todo el Imperio por singular y enorme sin quebrantar el espíritu que la prohíbe, me presentase ante la opinión pública durante algún tiempo, como el mayor criminal. Mi entrada en el monasterio será, pues, la caída de ese ingrato traidor. Lo prometo solemnemente y sabré cumplirlo.

—¿Cómo puede ser esto —replicó el Inca—, cuando tu violación de la casa de las vírgenes no puede tener ninguna conexión con la rebelión de Ollantay y cuando por otra parte tu delito va a dar irremediablemente fin a tu vida en virtud de una ley irrevocable?

—Señor —le respondió Rumiñahui—, esa ley irrevocable es aplicable solamente a aquel que ha quebrantado su espíritu y en bien de la sociedad.

Yo no me hallo en este caso, Señor; y en prueba de tal, volved a ver nuestros quipus y legislaciones y veréis en ellos que la ley está impuesta para el violador de alguna de las vírgenes consagradas a Dios. Yo no cometí semejante sacrilegio, ni podría siquiera imaginarlo: entré materialmente en el lugar de su residencia, sin haber tocado, siquiera, la ropa de ninguna de ellas.

Mi delito no merece, pues, la pena de muerte. Tú, Señor, con tu sabiduría y justicia lo podrás meditar con tu consejo, cuando me oigan, para dictar una sentencia conforme al espíritu de la ley.

Confieso, Señor, que merezco castigo y que éste debe ser severo, tanto para el cumplimiento de la ley, como para conseguir mis fines.

No lograré hablarte con igual secreto y confianza como ahora; pídote por tanto dos cosas: una, que me trates en el juicio público con el mayor rigor y aun cruelmente, de tal modo que cause compasión al más insensible; y otro, que yo te despache un correo desde Tampu, a donde iré como resultado de este acontecimiento y que procures hacer con toda exactitud y sin pérdida de tiempo lo que te he de indicar. Esto importa a tu corona y al cumplimiento de mi palabra, que te la doy solemnemente de traer a tus pies al altivo e ingrato Ollantay.

Concluida la audiencia particular, volvió Rumiñahui a la prisión.

El Inca admirado y enternecido con la idea de una estratagema concebida y ejecutada con tanto riesgo, la ocultó con profunda reserva en su alma y ordenó la abreviación de la causa para ser sentenciada cuanto antes.

Llegó finalmente el día. El Inca, a la cabeza de su Consejo, en sesión pública vio a Rumiñahui conducido ante él para ser escuchado. La fisonomía de todos los dignatarios que asistían expresaba profundo dolor; una nube de melancolía parecía ensombrecer sus ojos al ver un hombre de tan elevada posición y tan simpático por sus prendas personales, cercado de guardias, amarrado y tratado como el más atroz delincuente.

De pie, en medio de la audiencia escuchó inmóvil y sin alterarse la lectura del proceso (en el original lectura). Concluida ésta el rey le dirigió la palabra y le dijo con voz entrecortada, pues no podía contener el dolor:

—Rumiñahui, quebrantas la ley sancionada por Inca Roca sobre la violación del monasterio: mereces por lo tanto la pena de muerte; si te resta algo que decir en tu defensa, habla en este momento.

Rumiñahui, después de hacer una profunda reverencia al rey respondió:

—Señor, hace poco me justifiqué en una audiencia privada del crimen que se me imputa. Tu abuelo, el gran Inca Roca sancionó una ley santa y justa en verdad, para los que violasen las vírgenes consagradas al Sol, pero yo no he quebrantado esa ley. En efecto, el espíritu de esa ley es de enterrar viva la virgen que delinquiese contra su virginidad y dar muerte y borrar hasta de la memoria de los vivos al cómplice de tan atroz delito. Léase (en el texto léese) la ley con todo lo que la conforma y se verá que es cierto lo que digo. Bajo esta suposición, dígaseme ahora en tu augusta presencia y ante esta respetable corte, ¿cuál es la virgen, mi cómplice que ha de ser enterrada viva? ¿Cuál es la virgen, digo, que en razón de su violación se deba cumplir en mí esa pena?

—Viole, es verdad, un recinto sagrado, pero con esto no tuve otro fin que el de adquirir un nombre inmortal en los anales de nuestra historia: ella publicará la pureza de mi intención y la inocencia de una acción que no pasó de un acto puramente material como sería el de un pájaro o ave que fuese a aquel lugar.

—Pero, suponiendo que yo hubiera infringido verdaderamente el espíritu de la ley, ¿no tendrás, Señor, consideración a los grandes e innumerables servicios que el general Rumiñahui ha hecho a tu corona? Estoy persuadido que el mismo Inca Roca que sancionó aquella ley, la tendría hoy.

¿Puedes olvidar, Señor, que he sido tu fiel compañero en todas las brillantes y vastas conquistas de tu reinado y que mi brazo te ha hecho señor de las dilatadas provincias de Guacra-Chuco, Hatun-Pampa, Muguapampa, Casay-Anca, Huanca-Pampa, Huánuco, Huancavelica, Quitu y otras muchas que tú sabes? ¿No te acuerdas las veces que en Chachapuya, tú mismo viste precipitarme por barrancos y despeñaderos con las tropas de mi mando para seguir las marchas y vencer al enemigo?

¿Podrás olvidar que fui yo quien atravesando intrépido el Apacheta (cenit del monte con camino estrecho) de Chirmac-Casa, donde quedaron muertos nuestros bravos soldados, destrocé al enemigo orgulloso y di a tu reinado el trofeo de una de las victorias más gloriosas y casi milagrosa que se narran en nuestros quipus?

No creo, pues, Señor que semejante cosa pueda caber en tu real ánimo y mucho menos en tu magnánimo corazón, de cuyos actos de humanidad está llena la historia de tu reinado. No es posible siquiera imaginar que un vasallo como yo, cuya fidelidad a nuestros Incas cantarán los anales y admirará la posteridad, no merezca, aún en el caso que fuese delincuente un rasgo de consideración y generosidad de su rey que tiene en sus manos la prerrogativa y el poder de conmutar la pena o aminorar el rigor de las leyes. Mas, Señor, no pido tanto, ni creo que mi causa lo exige. Tú me juzgas y esto basta para mi consuelo. Tú me juzgarás como un juez recto y como un padre piadoso.

Este discurso conmovió profundamente el ánimo de la corte. El Inca, por su parte, se debatía interiormente entre la idea del terrible sacrificio que Rumiñahui había hecho a su persona y la necesidad imperiosa y absoluta en que se encontraba, como primer ministro de justicia de la tierra, de condenar a su fiel vasallo y valiente general al infamante y cruel castigo de ser públicamente azotado, en el caso de que no se le condenara a la pena de muerte y había escuchado el discurso de Rumiñahui con un dolor cuya intensidad no le había sido posible disimular. Al terminar el reo sus últimas palabras, habíase visto con asombro brillar en los ojos del rey una lágrima que dio un aire de sublimidad a aquella solemne escena.

Retirado Rumiñahui de la audiencia pública, procediose a la sentencia. Resolviose que Rumiñahui, después de ser públicamente degradado de sus honores, fuese azotado en la plaza principal de Huaycapata (plaza de las lágrimas), con el mayor vigor y solemnidad, declarándose que esta pena se aplicaba no por haber violado Rumiñahui alguna de las escogidas, sino por haber profanado el recinto sagrado destinado para residencia de éstas.

Su sentencia se ejecutó con asombro de la corte y de toda la población de la capital del Cuzco. Y Rumiñahui quedó reducido al estado lamentable que se había propuesto.

Poco después, cuando la noche estaba bastante avanzada, huyó de la ciudad y se dirigió a Tampu, guiado únicamente por un pequeño indio de su confianza, que lo conducía como a un ciego, en estado miserable. Llevado inmediatamente a la garita del primer centinela de la fortaleza, éste le preguntó quién era.

—Dile al rey que está a sus puertas, para implorar su clemencia, el más desgraciado de los vivientes; que le pide, en una palabra, la hospitalidad que en el distrito del Cuzco todos le han negado.

Conocedor Ollantay de este mensaje, le mandó preguntar por su nombre.

—Soy —dijo—, el infeliz y mal premiado Rumiñahui, su antiguo camarada y compañero de armas, cuyos infortunios y padecimientos no debe ignorar.

Ollantay, a pesar de estar ya informado de lo que había acontecido a este general, tuvo sus recelos y sospechas, teniendo en consideración la gran política, talento y estrategia de Rumiñahui.

Sin embargo, deseando ver él mismo lo que tanto había oído exagerar, ordenó que lo llevaran a su presencia, con los ojos vendados y con todas las precauciones precisas.

Conducido ante Ollantay, Rumiñahui le dijo:

—Señor, el triste espectáculo que te presento es una nueva y extraordinaria prueba del despotismo y crueldad del Inca Tupac Yupanqui, en cuya manera de pensar no merecen consideración ni los servicios prestados a su corona, ni virtudes de patriotismo y valor, ni las distintas cualidades con que la naturaleza dotó al hombre y las condecora y honra el Estado.

Yo y tú hemos dado al Imperio una evidente prueba de esta verdad, aunque con suerte diferente. La justa y brillantísima de la tuya y el abatimiento inmerecido de la mía, excitarán la admiración de los hombres y más exaltado será tu nombre entre ellos si acrecientas a tu fama, el timbre de hospitalidad y la virtud de humanidad, con un desgraciado que tuvo el honor de ser tu compañero en los campos de batalla, en el desempeño de las funciones gubernativas y en todos los demás servicios que exige la patria de sus hijos.

Lisonjeado de esta manera el amor propio de Ollantay, ordenó que condujesen a Rumiñahui a una habitación cómoda y bien segura, donde lo tuvieran con toda precaución.

Allí permaneció durante algún tiempo, manifestando frecuentemente su gratitud por el buen acogimiento dispensado.

Al final de algunos días, pidió al rey que le concediese algunas horas de descanso, para recuperar su deteriorada salud. Ollantay dio su consentimiento a esta solicitud, con la condición, sin embargo, de tener un centinela a la vista.

Al disfrutar Rumiñahui de este favor, mostrose tan celoso de la orden del rey, que la mayoría de las veces exigía él mismo del centinela que lo recondujese a la prisión, diciéndole que había pasado el tiempo permitido.

Éstas y otras pruebas que procuraba dar, de su obediencia y rectitud a las órdenes del rey, le fueron granjeando la confianza de ese pueblo.

Logrado este primer paso, mandó decir a Ollantay que le deseaba dar una pequeña prueba de gratitud y reconocimiento por sus beneficios, enseñando a diez jóvenes el manejo de las armas, según una nueva táctica que había inventado estando al servicio del Inca del Cuzco, y que si llegara a merecer la aprobación de su majestad, tendría en ello una grande e indescriptible satisfacción.

Ollantay, que juzgó que un acto tan simple como éste no tendría consecuencia alguna, concediole lo que pedía sin ninguna vacilación.

Al final de pocos días, después de una esmerada enseñanza, pidió al rey que se dignase asistir a las maniobras de sus alumnos.

El rey accedió a este pedido, y encontrándolos con una destreza ventajosísima para la disciplina de su ejército, resolvió desde luego adoptar extensivamente la nueva táctica. Para ese fin llamó a Rumiñahui y le manifestó su complacencia, ordenándole que sometiera a la misma disciplina a una compañía de sus soldados.

Rumiñahui cumplió con exactitud y esmero la orden del rey, cuyo resultado fue ir captando su voluntad, al punto de recibir de él comisiones muy importantes y obtener, por último, el comando superior del ejército.

Nada hacía ya Ollantay que no fuese de acuerdo con Rumiñahui; fortificaciones, planes militares, gobierno político, en todo tenía principal influencia y dirección.

En esta circunstancia llegó el caso de realizarse el matrimonio de una infanta a quien Ollantay amaba mucho. Arregló, pues, con su favorito Rumiñahui el tiempo y solemnidades con que debía efectuarse, preparándose en consecuencia, grandes y costosísimas fiestas bajo la dirección del segundo.

Hacía ya algún tiempo que Rumiñahui había comenzado la costumbre de salir a pasear todas las tardes con el indiecito que lo acompañaba por las márgenes del río Jucay, fuera de los muros y en diferentes direcciones. Esta costumbre no era ya causa de novedad para el rey y su corte.

Aproximándose el día señalado para las bodas de la infanta, siendo ésta la ocasión que Rumiñahui consideraba como la única y más apropiada para realizar su plan que tanto le había costado, formó, con la mayor reserva, un quipo que en la audiencia privada ofreció al Inca. En él le anunciaba el día en que principiarían las fiestas, la mucha embriaguez que durante ellas habría con la solemnidad del enlace real, indicole el número de tropas con que debía venir en persona a atacar las plazas y el lugar por donde debía estrecharlas más. Aconsejole, finalmente, que entrase por Jucay para evitar el ataque a las fortificaciones levantadas en la embocadura del río y sorprender al enemigo por los flancos; que llevase consigo, precisamente, la división de los sinchis, porque sin el auxilio de esta brillante y valerosa tropa no podría tomar las fortificaciones ni vencer los obstáculos y fuerzas que opondría Ollantay para defenderse. Formado así el quipo, salió de Tampu con su fiel compañero para dar su acostumbrado paseo, procurando alejarse del pueblo cuando le pareciera conveniente para poner a salvo a aquél. Cuando se hallaban ya suficientemente apartados del lugar, entregole el quipo con suma reserva, y lo despachó por un atajo perdido, encargándole que con la celeridad de un pájaro fuese al Cuzco y lo entregase al Inca en propias manos.

Cuando regresó a su residencia manifestó el mayor disgusto y tristeza por la desaparición de su fiel compañero y prontamente mandó varios a seguirle por varias direcciones, bien seguro de que no sería alcanzado por la ventaja que llevaba.

Nada de esto sospechaba Ollantay, pues tal era la confianza que tenía en su oculto enemigo.

Llegado el día de las bodas, Rumiñahui dijo al rey, con profundo disimulo, que era necesario tomar todas las precauciones necesarias para evitar cualquier sorpresa de enemigo tan astuto como el Inca del Cuzco; que aunque no hubiera un motivo inmediato de recelo, juzgaba, con todo, conveniente que durante los días de las fiestas reales se tuviera a la mitad del ejército en alerta y en los puestos más propios para evitar una sorpresa y que la otra mitad disfrutase entretanto, de las fiestas y alegría pública, haciendo esto alternativamente a fin de evitar celos de las tropas; que él, por su parte, velaría con el mayor cuidado por la seguridad de la plaza y el buen orden entre el pueblo; y que podía su majestad entregarse al placer y a la alegría.

Todo esto escuchó Ollantay con el mayor agrado, todo lo dio por bien pensado y por consiguiente, hízose como lo había indicado Rumiñahui.

Al segundo día de las nupcias, cuando Ollantay se encontraba en el palacio en los placeres del festín, recibió intempestivamente la noticia de la aproximación del ejército del Inca por la parte de Lares y de que sus columnas desfilaban sobre la plaza con el mayor orden y gallardía.

Todo fue confusión y algazara en ese momento. Ollantay solicitó en su conflicto a Rumiñahui, quien parecía un verdadero Argos en celo y valor fingidos con que atendía y sostenía todos los puntos de ataque. A la vista de sus providencias y esfuerzos en defensa de la plaza, aumentaba por instantes la gratitud del infeliz Ollantay; mas cuán tardíamente conoció el error de haberse confiado a un rival, a uno de su misma profesión y jerarquía.

La plaza resistió con el mayor vigor y el ejército del Cuzco perdía las esperanzas de tomarla. El Inca, con un heroísmo admirable, recorría las filas y hablaba a los sinchis recordándoles sus antiguas hazañas y la gloria que les esperaba aquel día. Animados éstos con la augusta presencia de su monarca, de quien formaban la guardia de honor por un privilegio concedido a sus triunfos, hicieron el último esfuerzo de valor y consiguieron por fin rendir la plaza. Los sitiados dejaron sus puestos, el ejército se dispersó y el Inca entró en Tampu triunfante, pasando sobre un montón de cadáveres.

Ollantay tomó también la fuga y en su desesperación se dirigió a la margen del río para precipitarse en él y ocultar su cuerpo a la vista del Inca y de los suyos.

Pero Rumiñahui que no lo había perdido de vista durante todo el combate, lo alcanzó cuando ya estaba en la margen del río, y asiéndolo por su propia banda real que le cruzaba el pecho, lo condujo con fuerza atlética a los pies del Inca que venía cargado en unas andas y le dijo:

—Llegó el día, Señor, en que el general Rumiñahui cumpliera su palabra, trayendo a vuestros pies al traidor y rebelde Ollantay y el día también en que todo el Imperio sepa que mi entrada en el monasterio no tuvo otro objeto que conseguir este fin. Nada queda, pues, que desear a mi fidelidad hacia vuestra real persona, ni a mi venganza, otra prueba más auténtica y completa que la presente. Está reintegrado al Imperio una de sus más vastas y ricas provincias, y está a vuestros pies el más orgulloso y rebelde de los vasallos.

La pública infamia por la que se me hizo pasar, la degradación de mis honores y mi ejemplar firmeza, serán en los siglos venideros los timbres más gloriosos de mi nombre; y para los grandes del Imperio y generales del ejército un modelo de heroica y constante fidelidad.

Consumada la victoria y restablecido el orden en Tampu, regresó el Inca triunfante a la capital del Imperio y reuniendo el Consejo y toda su corte, con una solemnidad y pompa nunca antes vista, hizo comparecer a Rumiñahui y Ollantay y pronunció la siguiente sentencia:

—Ollantay, habéis correspondido con ingratitud a los inmensos beneficios que os había hecho; vuestros delitos fueron, sin embargo, más contra mi real persona y familia que contra la nación o cualquiera persona particular; la venganza no cabe en un corazón real ni en la magnanimidad de un príncipe. El castigo que os impongo es el perdón, mas como un rebelde no debe existir en mi reino, te ordeno que de él salgas con toda tu familia y tus bienes para el lugar que quieras; y de él no volverás jamás a la tierra de los Incas.

Dirigiéndose después a Rumiñahui le dijo:

—Y en cuanto a ti, general Rumiñahui, agradézcote particularmente tus servicios; pero siento no poderlos remunerar como hombre particular; no compete a un monarca premiar un servicio hecho por la traición. Tus acciones de sufrimiento, de valor y constancia, acciones que en verdad te harán célebre en la historia, y que siempre conmoverán profundamente mi corazón y mi reconocimiento particular, están empañadas por una mancha que nada podrá destruir. Fuiste fiel para con tu rey, pero fuiste traidor para con aquel que te dio hospitalidad.

Hiciste un servicio a tu patria, pero traicionaste la amistad y la humanidad. Concedo, pues, la quinta parte de mis regias rentas para ti y tu descendencia y ordénote que con esa fortuna vayas a vivir feliz a otra región. La traición es negra como el averno y ni la más leve sombra debe existir sobre el bello cielo del Imperio de los Incas.

Al día siguiente estaban Rumiñahui y Ollantay fuera del territorio peruano.

Si existiesen en el Perú hombres como este monarca, no hollarían hoy el suelo peruano traidores como el señor Román o su satélites.

.

Capítulo III. Los valles de Santa Ana

De Ollantay-Tampu comienza la quebrada a subir con insensible gradiente en la medida que se aparta de aquel pueblo y se aproxima del puerto: y en la misma proporción también van disminuyendo la vegetación y la belleza del paisaje. A ocho leguas de distancia acábanse las románticas praderas de la quebrada de Calca, Taray y Urubamba y principia otra vez la región árida de la cordillera formada por una cadena de los Andes. Son melancólicas, ora neutras u ora pardas las faldas de los montes de esta sierra y los oteros que entre ellas se abrigan, en grandes distancias, están revestidos de una paja amarillenta, que les da un aspecto sumamente sombrío y monótono. En los desfiladeros que se descubren a la derecha y a la izquierda del camino que conduce a los valles, se alzan enormes peñascos blancos. De trecho en trecho la cordillera que se extiende por las ocho leguas que van hasta el Puerto, se interrumpe y entreabre a la vista, presentando algún valle poco profundo.

En el fondo y en las laderas de estos valles se ven aquí y allá ruinas de antiguos edificios levantados por los Incas. Las cabañas de los pastores se muestran y serpentean a lo largo de las faldas del Chiruhumac, la más elevada montaña de esta parte de la cordillera, ovejas y vacas se desparraman como cordones hasta las inmediaciones del Puerto.

La senda trazada en esta región se eleva a lo más alto de la cordillera, llamado por los naturales el Puerto, porque de allí comienza el camino que desciende hacia el profundo lecho de los valles y puede, en verdad, considerarse como un puerto donde el viajero se embarca para las regiones transandinas. El camino en este puerto está abierto en la roca viva. En ambos lados de la entrada hay enormes montones de piedra agrupadas por los indígenas en forma de pirámides, sobre cuyas cimas se levantan cruces de palo que el tiempo y el frío han ennegrecido y que sirven para recordar que debajo de esos montones existen despojos mortales de los que allí perecieron. En verdad, es éste un paraje que en el invierno se cubre todo de nieve hasta el extremo de cerrarse el camino enteramente algunas veces y otras de enterrarse los viajeros en ella hasta medio cuerpo, pereciendo sin remedio cuando la nieve cae de repente y dura un día o dos sin interrupción.

En un día claro de verano que deja ver un vasto horizonte, ¡qué espectáculo tan grandioso presenta a la vista este lugar en la parte del Oriente! Las cadenas de las montañas cubiertas en sus cimas de la luz esplendente que les da el Sol, se extienden hasta perderse de vista, ostentando la majestad ideal del pasado y la real de sus estupendas masas.

Pero son muy raros los días en que se puede gozar de esta magnífica escena. El Puerto está constantemente cubierto de un inmenso manto de niebla que en la parte del Este no presenta sino un negro abismo; el viajero desciende envuelto en tinieblas que no le dejan ver los objetos sino a una vara de distancia. Todo el camino en esta pendiente está sembrado de piedras puntiagudas con las que a cada paso tropieza el caballo.

Mas al salir de esta región triste y desolada que detiene por lo menos seis horas al viajero, se abre a la vista un cuadro más grato y consolador. Cadenas de colinas, en parte ocupadas por diversas sementeras, en parte por verdes campiñas cubiertas de pasto, bajan del poniente y en toda su extensión presentan moradas diseminadas por los declives.

Una dilatada planicie se interpone, recorriéndola por su centro el sosegado Vilcamayu bien tranquilo y poco sinuoso.

Descendida esta segunda pendiente se llega al lecho de los valles de Santa Ana que desde este punto se extienden por unas 70 leguas hasta la Misión de Cocabambilla, donde terminan. A lo largo de estos valles se encuentran las haciendas de cañaverales, cafetales, etc., situadas todas en la margen derecha del río, siempre sobre terrenos elevados que contienen hermosas planicies resguardadas por bosques y vergeles agrupados en mil diferentes formas. Seis son las principales poblaciones que se elevan en esta franja de tierra. La primera viniendo de Tampu es Umutu, la segunda Uiro, la tercera Maranura, la cuarta Chinche, la quinta Pintobamba y la sexta Cocabambilla, todas situadas a distancias casi iguales de 9 a 11 leguas y con sus respectivos curas y autoridades civiles y políticas.

Temperatura. Clima. Productos naturales. Carácter de
los habitantes de los valles de Santa Ana

El clima de estos valles es ardiente y húmedo, la tierra fértil, el país montuoso y abundante en tigres y otros animales voraces.

Los habitantes son de estatura alta, bien formados aunque pálidos y débiles a causa del calor, amigos de su libertad, propensos a la ociosidad y a embriagarse con aguardiente de caña que les agrada en extremo.

Los productos naturales de más importancia que son objeto de comercio, son la coca, el cacao, el café, el azúcar, aguardiente de caña, algodón, tabaco y maderas de mil clases.

La coca u hoja sagrada

La coca es la hoja de un arbusto que no llega a más de seis pies de altura y que solo es producción peculiar del Perú y Bolivia. Esta planta en tiempo de la conquista era usada únicamente, por los Incas y los de la familia real. Era considerada como una imagen de la divinidad y nadie entraba en los cercados o santuarios donde se cultivaba, sin arrodillarse primero en señal de adoración. Se juzgaba que las víctimas sacrificadas en aquellos tiempos no eran bien aceptadas en el cielo, a menos que fuesen coronadas con ramos de este arbusto. Los oráculos no respondían y los augurios eran terribles si el sacerdote no masticaba la coca en el momento de consultarlos. A esta planta acudía el indio para consolarse en las mayores desgracias: sea que se hallase oprimido por las necesidades o enfermedades, sea que solicitase los favores de la fortuna o Venus, siempre encontraba consuelo en esta planta divina.

Con el tiempo se extendió su uso en toda la población indígena y su cultivo llegó a ser un ramo importante del comercio. En el tiempo del gobierno español, producía, hasta poco antes de su caída 2.841.487 pesos fuertes por año; y sus hojas fueron algunas veces el representante de la moneda, circulando como dinero. Sus virtudes son muchas y de las más asombrosas. Los indios que se abandonan a su uso, pueden resistir los trabajos más fuertes de las minas, en medio de las más mortíferas emanaciones metálicas, sin descanso y sin ninguna protección contra la intemperie del clima. Ellos caminan cientos de leguas por entre desiertos y montes escarpados, sustentados únicamente por la coca: y muchas veces trabajan como mulas llevando la carga en sus hombros por los lugares por donde no pueden transitar las acémilas.

Muchos viajeros atribuyeron esta espantosa frugalidad y capacidad de sufrimiento a los efectos de hábito y no al uso de la coca, sin recordar que los indios son naturalmente voraces. Los indios pierden mucho su vigor y capacidad cuando dejan de masticar esa hoja.

Durante el sitio de 1817, cuando los españoles estaban en continua vigilia, faltos de provisiones, en lo peor del invierno, se salvaron de la enfermedad y de la muerte, apelando a esta planta.

La coca posee un leve y agradable olor aromático y cuando se mastica esparce una gratísima fragancia; su gusto es algo amargo y astringente y deja en la saliva un color verdoso. Sus efectos en el sistema son estomacales y tónicos, previniendo las fiebres intermitentes, aunque no las cura con la eficacia de la quinina.

La coca se usa mezclándola con un poco de cal preparada de la pulpa de ciertas plantas (masa en el original), del mismo modo que se emplea el betel en la India. Con esto y un puñado de maíz tostado, viaja un indio 100 leguas a pie, corriendo con la velocidad de un caballo. Los viajes por los Andes, los más largos, se hacen siempre con un indio que camina adelante, aconteciendo en los días calmos cansarse más deprisa un caballo que un indio.

La coca, pues, es una hoja delgada y poco más estrecha que una pulgada; limbo elíptico, poco agudo en la base y en la punta..., margen entera, nerviosa, delgada un poco..., y diversamente ramificada.

Hay dos especies, una de dos pulgadas de diámetro y otra de una y media. La primera llamada cacha es de calidad superior y más buscada, la otra común, que solo se usa si falta la primera, es consumida por la parte más pobre de los indígenas.

El cultivo de este árbol es muy difícil y está expuesto a ser consumido por un insecto muy pequeño que muchas veces destruye toda una hacienda en solo una noche. No da fruto sino después de tres años de plantación, según la calidad del terreno, debiendo pasar en este tiempo por diferentes operaciones, así como en cada estación del año.

La cosecha de la coca, que se llama palla, también exige penoso trabajo. Son generalmente mujeres las que hacen esta tarea. Entran en las haciendas al despuntar el alba provistas de cestillos, en que recogen la coca arrancando hoja por hoja con sumo cuidado para no quebrar o dañar el tallo, demorándose en esta operación hasta el anochecer, no descansando sino en los momentos necesarios para tomar alimentos, debiendo cada una llenar el cesto diez veces por lo menos, vaciándolo en una jerga extendida bajo el techo. Concluida la tarea retírase cada una, recibiendo su jornal en proporción a la cantidad recogida.

Uno de los obstáculos que contrarían al progreso de la siembra de la coca es la dificultad que se encuentra en hallar en otros lugares palladoras que no hay en el valle de Santa Ana ni en otros, y que por lo tanto es menester buscarlas en otras provincias por medio de contratos hechos con los subprefectos, gobernadores y alcaldes, los cuales envían, en virtud de su autoridad, a tomar para las haciendas según el contrato, un número necesario de indias o mestizos para el lugar señalado.

Recolectada la coca, sécase un poco al Sol durante dos o tres días, teniendo cuidado que no se moje ni sufra humedad, que la malogra completamente.

A este proceso se le da el nombre de seca.

Después se mete la coca en sacos de una arroba y es llevada así en mulas para la capital del Cuzco, con el mismo cuidado para que no se moje con la lluvia, a cuyo efecto acostumbran llevar grandes barracas de campaña, en las cuales se recoge la carga en caso de lluvia.

De la capital del Cuzco se distribuye la coca para todos los departamentos del Perú y Bolivia.

Hasta hace pocos años, no se producía la coca sino en los valles de Santa Ana; hiciéronse después plantaciones en los de La Paz y Cochabamba, en el Alto Perú, donde hoy se produce en alguna cantidad, aunque de calidad inferior.

Podría darse, en propiedad, a la coca el nombre de elixir de larga vida. No hay hierba en el mundo que tenga tantas virtudes. El sabio doctor Unanue hizo, como anunciamos ligeramente en una de nuestras notas, una extensa y científica disertación sobre esta hoja, la que publicó en el célebre Mercurio Peruano. Naturalista de primer orden, químico excelente y médico consumado como era, escribió su disertación con la misma profundidad y espíritu analítico que todas sus obras, admiradas inclusive en Europa.

Tomada la coca en infusión, tiene el mismo sabor y gusto que el té, con la ventaja de no poseer la cualidad estimulante de éste. Más de una vez se ha hecho el experimento de darlo a los ingleses, que son sin duda los mejores conocedores de té que hay, y lo han tomado por té perla (así en el original) con la mayor buena fe.

Si bajo un gobierno establecido se hubiese desenvuelto el espíritu de industria en el Perú y los hijos de este país se hubieran dedicado a buscar en los productos de su suelo solo las fruiciones y riquezas que encontraban en la mezquina rutina de comprar barato y vender caro los artefactos europeos, se convertiría la coca en género de vasta exportación para el extranjero y habría sido un manantial inagotable de riqueza para este país.

El cacao

El cacao de los valles de Santa Ana; especialmente el de la hacienda de Pintobamba es, con excepción de el del valle de Paucartambo, superior al afamado de Soconusco de Guatemala, y por consiguiente el mejor de América. El grano es menudo y casi la mitad del de Guayaquil y del Brasil; sin embargo, es más aromático y delicioso, aunque menos fuerte que el de Mojos en Bolivia, que a este respecto excede a todos los otros.

El chocolate que se hace de este cacao es de color leche, fragante y espumoso; no se le puede mezclar leche o canela, como se hace en el Brasil, sin que pierda su sabor y gusto delicado; es así que los aficionados toman el chocolate puro, reservándose solo el de Guayaquil para tomarlo con leche por su calidad inferior.

Puesto que es este fruto indígena de la América Meridional (llamado por los españoles cagada de carnero (sic), a causa de su figura, y tomado luego con avidez), no fue cultivado en los valles de Santa Ana sino hasta hace pocos años. Es por esto que no se exporta para el extranjero sino muy raras veces y en pequeñas cantidades. La misma capital de Lima no recibe sino pequeñas cantidades, a pesar del gusto que tienen los limeños por el chocolate, y del valor que le dan en esa capital, porque todo lo que producen las haciendas del valle consúmese en el departamento del Cuzco.

Al principio costaba una arroba de 25 libras 30 pesos fuertes; hoy, sin embargo vale de 18 a 20, como consecuencia del aumento de su producción. Mientras tanto, el de Guayaquil ha bajado a 5 pesos, precio del cual nunca pasará y tal vez disminuirá.

Las plantaciones, que solo comienzan a producir después de tres años, van aumentando progresivamente. La totalidad de su producción actual es de unas 5 a 6.000 arrobas por año.

Si los españoles y especialmente los madrileños y gaditanos llegasen a probar este cacao ¡cuánto dinero no enviarían al Perú a cambio de él!

Tabaco

El tabaco es de excelente calidad, aunque no se iguala al de Jeberos en la montaña de Trujillo y al de Moyobamba, en los valles de Junín (sic). Solo se cultiva en la hacienda de Cocabambilla y en el lugar de Chahuaris, del otro lado de la Misión. Fray Paulo, de quien ya hablamos anteriormente, fue el primero en hacer plantaciones de este género en ese lugar. Sus ensayos fueron coronados de feliz éxito; alcanzó en consecuencia, privilegio del gobierno español y el tabaco ofreció un aumento en las entradas del erario real. A pesar de esto, no se ha aumentado hasta ahora su cultivo en las demás haciendas.

A este respecto, el doctor Unanue hizo una bella disertación, mostrando las buenas cualidades del tabaco. Dice él que se compone principalmente de una parte narcótica que produce los mismos efectos que el opio, y de otra aromática que fortalece y produce sensaciones agradables. Según él, el tabaco bueno es el único que debe fumarse y ha de contener las cualidades siguientes: 1.º Ser fuerte; 2.º no excitar la salivación; 3.º ser aromático; 4.º no dejar amarga la boca ni el paladar. Teniendo el tabaco esas cualidades no causa daño al estómago ni al sistema nervioso y forma, al contrario, para quien fuma, una atmósfera particular que lo preserva de los efectos del aire pestilente y de la mordedura de los animales venenosos. El tabaco que no tiene esas cualidades y que por tanto excita la salivación y amarga el paladar, en lugar de corroborarlas, es un veneno lento que los fumadores van tomando en dosis insensibles en detrimento grave de su salud y de la prolongación de la vida.

La experiencia ha demostrado también que el tabaco, cualquiera que sea su especie, aplicado exteriormente y mezclado con la saliva, sirve para curar la inflamación del bazo y las heridas causadas por las mordeduras de insectos. En último análisis, el tabaco bueno es el que tiene mayor parte aromática que narcótica y viceversa, el malo, el que tiene más narcótica que aromática. Y también cuanto más fuerte es el tabaco, tanto más puro será y cuanto más débil, tanto más contendrá las insalubridades de la tierra.

El café

El café, a pesar de ser de excelente calidad y de poder multiplicarse admirablemente su producción, no se cultiva sino lo necesario para el consumo de la región, esto es, solo para el departamento del Cuzco, sin que quede nada para la exportación extranjera, ni para los otros departamentos de la República. Y esto es debido al poco o ningún aprecio que tuvo la industria en el ánimo del gobierno español, y posteriormente, a las convulsiones que han agitado constantemente este país.

La caña

La caña es uno de los productos principales de los valles de Santa Ana, por la gran cantidad de azúcar que se hace de ella; sin embargo, la calidad de ésta es inferior a la de Abancay, que no tiene igual en el mundo, según dijimos en nuestro bosquejo sobre el estado político, moral y literario del Perú en sus tres grandes épocas. Fabrícase también buen aguardiente, aunque todavía en poca cantidad y miel blanca y negra (chancacas).

El aguardiente se consume en el mismo valle porque los habitantes de este lugar gustan mucho de él y el mismo clima exige este roborante para dar vigor a los trabajadores debilitados por el excesivo sudor y preservarlos también de la opilación (enfermedad particular de esta región).

El azúcar se lleva a la capital del Cuzco, donde se vende una parte y se exporta la otra para los demás departamentos.

El maíz

El fruto más fecundo, más espontáneo y más beneficioso que produce el Perú, exceptuando el litoral, es sin duda el maíz. Es asombrosa la cantidad que produce cada año; solo en los valles de Santa Ana y la quebrada de Calca, Taray y Urubamba, se cosechan de 280.000 a 300.000 fanegas por año, conteniendo cada fanega peruana ocho arrobas, lo que equivale a 2.000.000 o 2.400.000 arrobas por año. Esta prodigiosa cantidad es consumida solo por los indígenas que la usan de tres modos diferentes en: cerveza, en mote (maíz cocido) y en tostado (maíz asado).

La cerveza es lo que más se consume; y no sabemos si un obrero inglés consuma más cerveza de cebada o un indígena de la quebrada más chicha de maíz.

El modo de proceder a su fabricación es el siguiente: pónese en remojo el maíz en grandes cubas de vidrio hasta que haya dejado raíces; en este estado que se llama huinhappu muélese en batanes de piedra; se hace hervir después en panelas de barro hasta que el agua haya absorbido toda la sustancia y el maíz se haya convertido en bagazo; cuélase enseguida y se pone a fermentar en grandes urpus (vasijas) colocadas en lugar abrigado sobre montones de ceniza.

Esta cerveza y la coca son dos elementos de vida y regalo del indígena. La primera es, por experiencia, una de las más nutritivas y que más capacitan para el trabajo, cuando se toma con mesura. Para las personas biliosas es sumamente nociva y tomada con exceso embrutece al hombre.

Los productos de menos importancia de los valles de Santa Ana son el arroz, el fríjol, las habas y toda especie de legumbres y hortalizas.

Capítulo IV. Descripción de la Misión de Cocabambilla

La Misión de Cocabambilla es el límite oriental de los valles de Santa Ana, y por consiguiente el último lugar civilizado del Departamento del Cuzco por el lado oriental. Más adelante comienza la Montaña, que por el Norte se extiende hasta la frontera con el Brasil en Tabatinga y por el Sur hasta Santa Cruz de la Sierra.

Fue hasta aquí solamente que se extendieron los dominios y conquistas de los Incas, habiéndose internado en la Montaña los Antis para conservar su independencia, de donde deriva su nombre el país que ellos habitan ahora hasta el lugar donde comienza el territorio de los Chontaquiros.

El gobierno español tampoco llevó más adentro su poder ni tampoco pensó nunca en explorar esas regiones que tantas riquezas prometían al comercio y tanto aumento a la población, contentándose solamente con establecer a la entrada de éstas una miserable misión de dos frailes sin los auxilios ni protección necesarios. Y al mismo tiempo ésta no debe su origen sino a las instancias y trabajos de Fray Ramón, quien en el último período de la dominación española comenzó a establecer allí el cultivo del tabaco, cuya propagación prometía grandes utilidades a la aduana.

La hacienda de Cocabambilla, contigua al pueblo del mismo nombre es la propiedad de uno de los hombres más ricos del Cuzco, adquirida con el último de los servicios prestados a la Patria, esto es, al General Gamarra, que disponía del Perú y lo repartía entre sus partidarios como un patrimonio suyo. Esta hacienda se halla situada en un magnífico y espacioso terreno donde se producen en abundancia todos los frutos de los que hemos hablado antes.

El pueblo de Cocabambilla ocupa un lugar importante en la topografía del Perú y especialmente en el Departamento del Cuzco. Situado en las faldas de uno de los ramales más elevados de la cordillera de los Andes, tiene las llaves de dos grandes ríos, el Vilcamayo y el Yanatili, que deben dar circulación y salida a los productos estancados en el interior del Perú, el primero en la parte oriental, el segundo en la meridional.

Varias tribus de salvajes pertenecientes a los Antis y Chontaquiros, cuya descripción haremos más adelante, van en algunos años para la Misión en la temporada de verano, trayendo papagayos, ararás, sacos (vestimentas de salvajes), canoas de cedro, mujeres esclavizadas de otras tribus, cacao silvestre, goma, resinas y otras preciosidades que cambian por cuchillos, machetes, pedazos de espejo, tijeras, clavos, sal, etc.

Es curiosísimo ver esta feria. Llegada la época en que debe tener lugar y cuando los salvajes de Chahuaris (distante cuatro leguas de la Misión) han anunciado con anticipación que la caravana será numerosa, llénase la Misión de traficantes de todos los puntos del Departamento del Cuzco que allí van a instalarse, provistos de sus mercaderías para hacer los trueques.

En la otra parte de la Misión se establecen a lo largo del Vilcamayu grupos de familias y conocidos, bajo parrales cubiertos de hojas de plátano y paja, esperando día tras día la llegada de los salvajes.

Desde la primera luz que alumbra el bosque están ya todos de pie, unos divisando con sus largavistas, desde las copas de los árboles, otros adelantándose hacia la playa con los ojos fijos en las aguas hasta su término en el remoto horizonte.

El primero que entrevé a lo lejos la primera ligera sombra que ve imperceptiblemente moviéndose sobre el transparente topacio de las aguas, lanza un grito de júbilo, como el del marinero al divisar, después de un largo viaje, el alejado perfil de la tierra deseada; este grito lo repite el inmediato, y así sucesivamente hasta llegar a la gran caravana.

Todos salen de su sitio, como si un movimiento eléctrico se hubiese comunicado instantáneamente de uno a otro; muévense y se agitan en todas las direcciones con una alegría imponderable; hablan, cantan, ríen y poco después quedan como enclavados en la margen del río, mirando hacia la sombra que poco a poco se va agrandando y multiplicando. Y esto lo hacen con un silencio profundo que no es interrumpido sino de vez en cuando por alguna interjección o conjetura sobre el número de canoas o la tribu a que puede pertenecer la caravana que se aproxima.

—¡Parece que son veinte canoas!... ¡No, son treinta!... ¡Vienen solo los Antis!... ¡Ah!... ¡allí aparecen los Chontaquiros!... ¿Qué traerán? tales son los soliloquios y exclamaciones en esta ocasión.

La expedición se pone claramente al alcance de la vista y entonces crecen la ansiedad y la curiosidad que se fijan con avidez en cada uno de los individuos y objetos que la componen. Entretanto, la caravana se va aproximando en un mudo recogimiento, como si sus ídolos o un preceptor religioso les hubiese impuesto el silencio al entrar en la tierra de los Punurunas (así llaman los salvajes a los habitantes de la Sierra). No se escucha sino el sonido de las aguas que mugen debajo del remo del salvaje, o el canto instantáneo salido de alguna garganta de rubí, o los gritos que dan los papagayos colorados, como si cantasen la despedida de su país natal.

Al aproximarse a los parrales, los salvajes que venían de pie sobre la proa de las canoas, hacen su saludo con un guri-guri agudo que resuena en toda la montaña y que va acompañado de mil gesticulaciones extrañas. Les corresponden los Punarunas con vivas demostraciones de contento por su arribo. Vuelven a quedar todos en silencio y las canoas se retiran para la margen opuesta del río y al lugar más apropiado para amarrarlas con cuerdas de cáñamo, contra los troncos de los árboles.

Si la caravana llega de noche o al caer de la tarde, saltan luego en tierra, dejando dos centinelas en dos canoas que vigilan toda la noche. Encienden grandes fogatas, hacen su cena y después se echan a dormir, desnudos sobre la arena y al lado del fuego.

Al siguiente día se levantan al despuntar la aurora, entonan su himno salvaje a la llegada del astro y dirigen a la otra margen del río otro saludo como en la víspera. A las ocho horas, después del almuerzo, comienzan a transportar sus mercaderías de comercio precedidos por el jefe de la expedición que viene solo con su remo, ataviado con todos sus adornos selváticos. Acabado el transporte, colócanse los objetos del comercio de ambas caravanas en hileras diferentes, cada uno con su respectivo dueño. Se hace, entonces, la permuta de los signos, en medio del más profundo silencio. El salvaje presenta una de sus mercancías y el punaruna otra, y si ambos aceptan, está hecha la permuta. Esta feria dura de seis a ocho días y después vuelve la caravana a su tierra.

La situación geográfica de la Misión es la más bella de todas las del valle de Santa Ana. Es una planicie espaciosa, situada en una eminencia que domina todo el paisaje. Una corriente de agua límpida que desciende de lo alto de los cerros nevados, dejando ver, en días serenos, hasta el fondo de sus arenas refulgentes, como en un cristal, y en días de lluvia precipitando impetuosa sus turbias y sombrías aguas, pase por en medio de la quebrada, proveyendo a sus habitantes una agua deliciosa para beber durante todo el año y bañarse en la estación del verano. El caudaloso Vilcamayo, tortuoso cual una serpiente, corre con estruendo junto a la quebrada, reflejando en su transparente superficie las formas verdeantes del paisaje. Sobre sus márgenes guarnecidas de piedras musgosas, que sus aguas besan, yérguense, no a mucha distancia, frondosos árboles de toda especie y arbustos bellísimos de mil formas que presentan a la vista una escena encantadora y deliciosa.

En medio de esta vegetación mágica, se alza graciosamente el tamarindo y la papaya y se levanta apenas dos pies sobre la tierra, curvada por su peso, la dulce y jugosa piña real (ananá grande).

La belleza natural de los jardines que adornan cada casita y especialmente el ancho edificio de la hacienda de Cocabambilla, no es menor que la fertilidad del suelo, en el que con muy poca ayuda de la mano del hombre sazónanse mil variadas frutas y crecen, para regalo de sus habitantes, toda clase de legumbres. El naranjo con sus globos de oro que maduros caen al suelo, el limonero, la banana de diferentes especies y tamaños, cubren una parte de las huertas, al paso que en la otra se presentan bellísimas plantaciones de col, lechuga, repollo y la lujuriosa coliflor, ostentando su blanca y crespa cabeza, guarnecida de grandes hojas salpicadas de rocío.

Más lejos de estos jardines se hallan las chacras donde se produce el arroz, el apio, la mandioca, el camote y la beterraga, que forman el alimento ordinario de los habitantes, sazonado con la carne salada del Cuzco.

Estos jardines y estas chacras se hallan protegidos por colinas y están ubicados en valles donde se encuentra la rosa enamorada del ruiseñor. Por ella repite sin cesar sus aires melodiosos y la flor querida, reina de los jardines, escucha ruborizada sus canciones melodiosas; lejos de los vientos, y de las nieves, acariciada por las brisas, exhala hacia el cielo, como un incienso de gratitud, los perfumes que recibió de la Naturaleza, y embellece al mismo tiempo el clima que la protege, ostentando toda la gala de sus hermosos colores.

Otras mil flores de la primavera esmaltan también los prados; bosques sombríos que convidan al amor y frescas frutas ofrecen un asilo, al parecer discreto, aunque frecuentemente son, por desgracia, la morada del soldado homicida que se oculta al abrigo de una roca para espiar al pacífico labrador y conducirlo amarrado al cautiverio.

La estrella de la tarde aparece y los reclutadores, hendiendo las aguas del río con su remo, se lanzan de improviso sobre el pacífico labrador y a los cantos de alegría hacen suceder los tristes gemidos del dolor.

Tal es el destino de una región de la cual quiso la naturaleza formar una habitación digna de los mismos dioses, adornándola con todas sus gracias.

Menester era que el genio de la destrucción hubiera querido convertir este paraíso en desierto; menester era que como una bestia furiosa hubiese querido hollar con su inmunda planta esas brillantes flores que no fueron regadas con el sudor de su rostro y que crecen sin cultivo en aquella tierra de fertilidad, como para prevenir sus deseos, sin otra exigencia que las que se les dejase sobre su tallo.

¡Extraña suerte la de un clima donde todo respira armonía y paz, donde sin embargo las pasiones han colocado su trono y donde el despotismo y la tiranía han extendido su lúgubre manto! ¡Creeríase ver los ángeles infernales salidos de las gargantas del averno que, vencedores de los serafines vienen soberbios a sentarse en el trono del cielo!

¡Tales son esos jardines del Perú, sin embargo, del Perú que ya no existe!

¡Patria de los valientes!... cuya memoria conservarán los siglos. Podría decirse de ti lo que Byron dijo de Grecia:

«¡Región que desde las planicies hasta las cavernas de las montañas fue el asilo de la libertad o la tumba de la gloria! Templo de los dioses, ¿es esto todo lo que ha quedado de ti? Decid, esclavos y cobardes, ¿no son estos los campos de Junín? Decid hijos degenerados, ¿qué arenal es éste, qué monte es aquél? No son el desierto que cruzó el ejército de la Patria y el Pichincha donde se combatió por la libertad.»

¡Plegue al cielo que estos lugares tan celebrados en la historia contemporánea sean de nuevo la patria de los Peruanos!

¡Ah!... ¡Levantaos y traed a la memoria las hazañas de vuestro país, procurad en las cenizas de sus sepulcros alguna centella de fuego que abrazó sus corazones! Aquel que pereciese en la noble demanda de reconquistar su libertad aumentaría la lista de los que ya no existen de un nombre terrible que haría temer a los tiranos. Y dejaría a sus hijos la gloriosa empresa de imitarlo. Ellos, a su vez, preferirían la muerte a la vergüenza, persuadidos de que la causa de la libertad, legada por los padres a los hijos, termina siempre en el triunfo.

¡El Perú! Las páginas vivas de los anales testimonian a través de los siglos que, mientras los grandes tiranos, olvidados en el sombrío polvo de las edades dejan una pirámide sin nombre, el tiempo que ha derribado la columna erigida en la tumba de los héroes, les conserva un monumento más imponente —las montañas de su país natal—. Allí es donde tu Musa muestra al extranjero los sepulcros de aquellos que no pueden morir.

¿Quién nos referirá la larga y triste historia de tu eclipsada grandeza? ¡Ah! Por lo menos ningún extranjero podrá vanagloriarse, ni ufanarse de haber domado tu orgullo: tú mismo te has envilecido y entregado cobardemente a los déspotas que te encadenan.

¿Qué podrá referir aquel que visita hoy tus playas? Ninguna memoria de tus pasados días, ningún objeto capaz de dar a la Musa un vuelo de tal nombre, como aquel que hizo a la gloria de tus poetas, cuando producías hombres dignos de tu clima —ninguna acción que pueda hacer vibrar la lira de Olmedo, o inflamar la Musa de Pardo.

«¡Aquellos corazones alimentados en tus valles, aquellas almas ardientes podrán abrasarse con el heroísmo más sublime!... Y tus cobardes habitantes se arrastran hoy desde la cuna hasta la tumba, esclavos de sátrapas fratricidas, tan sordos a la voz de la compasión, como orgullosos de sus crímenes, esclavos manchados con todo lo que humilla al hombre la categoría de los brutos, y careciendo de mérito de una virtud salvaje, sin tener el instinto de la libertad y del valor.»

Libros a la carta

A la carta es un servicio especializado para
empresas,
librerías,
bibliotecas,
editoriales
y centros de enseñanza;
y permite confeccionar libros que, por su formato y concepción, sirven a los propósitos más específicos de estas instituciones.

Las empresas nos encargan ediciones personalizadas para marketing editorial o para regalos institucionales. Y los interesados solicitan, a título personal, ediciones antiguas, o no disponibles en el mercado; y las acompañan con notas y comentarios críticos.

Las ediciones tienen como apoyo un libro de estilo con todo tipo de referencias sobre los criterios de tratamiento tipográfico aplicados a nuestros libros que puede ser consultado en Linkgua-ediciones.com.

Linkgua edita por encargo diferentes versiones de una misma obra con distintos tratamientos ortotipográficos (actualizaciones de carácter divulgativo de un clásico, o versiones estrictamente fieles a la edición original de referencia).

Este servicio de ediciones a la carta le permitirá, si usted se dedica a la enseñanza, tener una forma de hacer pública su interpretación de un texto y, sobre una versión digitalizada «base», usted podrá introducir interpretaciones del texto fuente. Es un tópico que los profesores denuncien en clase los desmanes de una edición, o vayan comentando errores de interpretación de un texto y esta es una solución útil a esa necesidad del mundo académico.

Asimismo publicamos de manera sistemática, en un mismo catálogo, tesis doctorales y actas de congresos académicos, que son distribuidas a través de nuestra Web.

El servicio de «libros a la carta» funciona de dos formas.

1. Tenemos un fondo de libros digitalizados que usted puede personalizar en tiradas de al menos cinco ejemplares. Estas personalizaciones pueden ser de todo tipo: añadir notas de clase para uso de un grupo de estudiantes, introducir logos corporativos para uso con fines de marketing empresarial, etc. etc.

2. Buscamos libros descatalogados de otras editoriales y los reeditamos en tiradas cortas a petición de un cliente.

Printed in Poland
by Amazon Fulfillment
Poland Sp. z o.o., Wrocław

69305489R00067